명화로 만나는 생태

국립생태원 참여 연구원

[생태정보 제공 및 감수]

권관익(환경생태/양서파충류)   김두환(동물관리/양서파충류)
김영준(야생동물의학/수의사)   박창득(산림환경/양서파충류)
유나경(동물생태/양서파충류)   유정우(경관생태/양서파충류)

[기획위원]

강종현(생태교육)   김경순(복원연구)
김영건(복원연구)   문혜영(미술사)
박상홍(생태전시)   박영준(연구정책)
유연봉(출판기획)   이진원(출판기획)
이태우(생태조사)   차재규(생태평가)

❸ 양서·파충류

발행일 2022년 6월 27일 초판 1쇄 발행, 2024년 11월 8일 초판 2쇄 발행

글 김성화·권수진 | 그림 조원희
발행인 조도순 | 기획 국립생태원
책임편집 유연봉 | 명화선정·편집 문혜영
외주진행 공간D&P(편집 임형진 | 디자인 권석연) | 명화정보조사 서현주
발행처 국립생태원 출판부
신고번호 제458-2015-000002호(2015년 7월 17일)
주소 충남 서천군 마서면 금강로 1210 / www.nie.re.kr
문의 041-950-5999 / press@nie.re.kr

ⓒ김성화, 권수진, 조원희, 국립생태원 National Institute of Ecology, 2022
ISBN 979-11-6698-129-6 74400   979-11-6698-000-8 (세트)

[일러두기]
명화 정보는 작품명, 작가명, 제작 연도, 소장처 순서입니다. 정보가 없을 경우 표시하지 않았습니다.
이 책에 실린 모든 글과 그림을 저작권자의 허락 없이 무단으로 사용하거나
복사하여 배포하는 것은 저작권을 침해하는 것입니다.

⚠ **주의** 다칠 우려가 있습니다. 본 도서를 던지거나 떨어뜨리지 않도록 주의하십시오.
★ 환경 보전을 위해 친환경 용지를 사용하였습니다.

명화로 만나는 생태

❸ 양서·파충류

글 김성화·권수진 / 그림 조원희

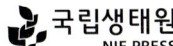
국립생태원
NIE PRESS

명화로 만나는 양서류와 파충류 이야기

들어가는 글

해마다 4월 마지막 토요일은 세계 개구리의 날이야. 5월 23일은 거북의 날, 7월 16일은 뱀의 날, 8월 14일은 도마뱀의 날!
하하! 그런 날이 정말 있어. 네가 이 책을 읽는 오늘이 개구리의 날이거나 뱀의 날이라면 정말 뜻깊을 거야. 이 책은 바로 개구리와 거북, 뱀과 도마뱀의 이야기거든.
이 책에는 20점의 그림이 실려 있어. 아이, 괴물, 여신, 사냥꾼, 공주, 영웅, 황후, 못된 농부가 나오고 개구리, 뱀, 도마뱀, 거북과 악어가 등장해.
개구리와 뱀들은 그림 속에서 무얼 하고 있을까? 화가는 왜 개구리나 뱀을 그렸을까?
그림 속에서 개구리와 뱀들은 그냥 풍경 속에 가만히 있는 평범한 동물이 아니야. 꼬마의 친구이거나 건강과 복을 가져다주는 행운의 동물이야.
마법에 걸린 왕자, 세상에서 제일 하찮은 생물, 죽음의 상징, 악마나 신이기도 해!
개구리나 두꺼비는 풀과 육지 양쪽에서 산다고 양서류이고, 뱀과 도마뱀, 거북과 악어는 기어 다닌다고 파충류라고 불러.

들어가는 글

양서류와 파충류는 조금 기이하게 보여.
미끈미끈하거나 우둘투둘하고 기다란 혓바닥을 날름거리는 데다 독도 있어.
색깔은 칙칙하고 어기적어기적 걸어. 다리가 없는 기이한 동물도 있어.
무뚝뚝하고 거만하게 보이기도 해.
하지만 양서류와 파충류는 신기하고 놀라운 동물이야. 우리가 궁금해
하기만 한다면 얼마든지!
양서류와 파충류는 포유동물과 새가 생겨나기 훨씬 전에 지구에 탄생했고
유구한 역사를 갖고 있어. 공룡도 잘 알걸. 공룡 화석에게 물어봐. '걔네들이
우리와 함께 지구에 살았다니까요!' 하고 비밀스럽게 말해 줄지 몰라.
하지만 우리가 채 관심을 갖기도 전에 벌써 수많은 종이 지구에서 사라져
가고 있어. 에콰도르의 양서 파충류학자 루이스 콜로마 박사는 개구리와
두꺼비가 지구에서 갑자기 사라진 공룡만큼이나 빠르게 멸종하고 있다고
경고했어.
그럴 리가! 아니 정말이야.

차례

들어가는 글   / 4

양서류는 최초의 네발 동물이야 〈어린 생물학자〉, 폴 필   / 8

어릴 때 모습과 다 자란 모습이 완전히 달라
〈정원에서 공주가 말하는 개구리를 만나다〉, 월터 크레인   / 16

개구리는 피부로 숨을 쉬어
〈리키아의 농부들을 개구리로 변신시킨 레토〉, 요한 게오르그 플라처   / 24

청개구리야, 죽었어? 살았어? 〈개구리와 어린이〉, 이중섭   / 32

참 이상한 개구리도 많지 〈꽃이 있는 정물〉, 게오르그 플레겔   / 40

개구리는 사냥을 잘해 〈어숭이와 개구리(신사임당 초충도)〉, 전(傳) 신사임당   / 48

고막은 양서류의 발명품이야 〈외밭의 참개구리(과전전계)_부분〉, 정선   / 58

두꺼비는 독이 있어 〈두꺼비와 가지(하마가지)〉, 정선   / 66

뱀은 뼈가 너무 많아 〈아담과 이브의 유혹_부분〉, 미켈란젤로 부오나로티   / 74

파충류는 비늘이 있어 〈마법의 파피루스_부분〉   / 84

뱀은 죽을 때까지 허물을 벗어
〈퐁텐블로에서의 루이 13세의 탄생〉, 피터 파울 루벤스   / 92

차례

뱀은 귀가 있을까? 〈뱀을 부리는 주술사〉, 앙리 루소 / 100

바다에도 뱀이 살아 〈라오콘 군상〉 / 110

뱀은 열을 '볼' 수 있어 〈자화상〉, 폴 고갱 / 118

파충류는 냉혈동물이 아니야 〈생명의 나무〉, 니키 드 생팔 / 126

도마뱀은 왜 도마뱀일까? 〈바이루마티〉, 폴 고갱 / 134

이구아나는 채식을 해
〈메뚜기와 사슴벌레, 도마뱀이 있는 장미와 나팔꽃, 헤이즐넛 꽃다발〉, 엘리아스 반 덴 브로크 / 144

악어가 달려 〈하마와 악어 사냥〉, 피터 파울 루벤스 / 152

거북의 갑옷은 2억 년 동안 변하지 않았어
〈연잎 위의 거북이〉, 카와나베 쿄사이 / 162

바다거북은 온도에 따라 수컷이 되거나 암컷이 돼
〈거북이〉, 라울 뒤피 / 170

찾아보기 / 178
참고 도서 / 180

어린 생물학자
폴 필, 1891년, 온타리오 미술관

양서류는 최초의 네발 동물이야

앗, 개구리와 아이가 오솔길에서 딱 마주쳤어!
아이는 개구리를 처음 본 게 아닌가 봐. 다리를 벌리고 배를 쑥 내밀고, 자기도 꼬마이면서 자기보다 더 꼬마 친구를 만난 것처럼 반갑게 씩 웃고 있어.
개구리야, 뭐 해? 개구리야, 어디 가? 개구리야, 나랑 놀아!
개구리 옆에는 노란 꽃 한 송이가 이 광경을 흥미롭게 지켜보고 있어.
이 그림의 제목은 〈어린 생물학자〉야. 그냥 '빵모자를 쓴 아이'이거나 시시하게 '아이와 개구리'일 수도 있었는데, 화가는 〈어린 생물학자〉라고 제목을 지었어.
귀여운 어린 생물학자가 잠시 뒤에 무엇을 할지 궁금해져!

양서류는 최초의 네발 동물이야

캐나다의 화가 폴 필은 아이를 너무 좋아해서, 서양의 다른 화가와 달리 아이를 주인공으로 그림을 여럿 그렸어. 하지만 폴 필이 남긴 그림이 그렇게 많지 않은 건 겨우 32세에 병으로 세상을 떠나 버렸기 때문이야. 그림 속의 어린 생물학자는 어쩌면 화가의 아이일지도 몰라.

그런데 어린 생물학자는 어디로 가는 길이었을까?
뒷짐 진 손에 양철통이 들려 있어. 벌레를 잡으러 숲으로 가는 길일까?
숲에서 막 튀어나온 개구리가 깜짝 놀라 멈추어 섰어!
만약에 네가 꼬마 아이처럼 개구리와 딱 마주친다면 어떻게 할 거야?

너는 태어나서 진짜 개구리를 처음 보는 것일지도 몰라!

개구리 만화, 개구리 인형, 개구리 가방, 개구리 스티커, 개구리 잠옷, 개구리 노래도 많이 있는데 진짜 개구리를 볼 일은 별로 없어.
개구리는 작고, 숨어 있고, 잘 안 보여. 하지만 개구리를 볼 수 없는 진짜 이유는 개구리가 빠르게 사라지고 있기 때문이야.

안녕, 개구리야!
폴짝폴짝 가 버리지 말고
조금만 오래 있어 줄래?

개구리는 피부가 얇고 축축해.
뒷다리가 크고 길어. 그래서 점프를 잘해.

개구리는 눈이 툭 튀어나오고 입이 아주 커. 그래서 근엄해 보여.
아니, 정말로 개구리는 위엄이 있어.
개구리는 사자보다, 코끼리보다, 독수리보다, 생쥐보다, 악어보다
훨씬 더 먼저 지구에 나타난 동물이야. 개구리의 멀고 먼 조상이
동물들 중 최초로 4개의 발로 땅 위를 걸어 다녔다면 믿을 수 있겠어?
6개도 아니고, 2개도 아니고, 네발로 엉금엉금 어기적어기적!
뱀은 먼 옛날 발이 사라져 버렸고 새는 앞발이 날개로 변했지만,
육지의 척추동물은 모두 네발 동물이야. 너도 네발 동물이야.

그런데 왜 네발일까?

발이 왜 4개인지 생각해 본 적 있어? 곤충은 발이 6개이고,
지네는 발이 30개나 되는데 말이야.
만약에 머나먼 외계 행성에 생명체가 살고 있다면, 기이한 외계
생물도 발이 있을까? 발이 4개일까?
아닐 것 같아. 하지만 여기 지구에서는 그런 일이 일어났어.
멀고 먼 옛날 무슨 일이 있었던 걸까?
개구리의 조상에게 물어보면 이렇게 말할 거야.
'꽉꽉! 모두 물고기 덕분이죠!'

그러니까 이렇게 된 거야. 아마도 3억 7천만 년쯤 전 까마득한 옛날에, 가뭄이 들면 종종 물이 말라 버리는 얕은 물가에 두툼하고 튼튼한 지느러미를 가진 물고기 무리가 살고 있었어. 가슴지느러미 2개, 배지느러미 2개, 모두 4개의 지느러미로 먹이를 찾아 어기적어기적 기어 다녔어. 하지만 물고기들은 꿈에도 몰랐을걸. 두툼한 지느러미가 먼 훗날 발이 될 줄!

학자들은 지느러미가 있다고 해야 할지 발이 있다고 해야 할지 헷갈리는 이 괴상한 물고기 무리에서 최초로 걸어 다니는 육상 척추동물이 갈라져 나왔을 거라고 추측해. 바로바로 개구리와 두꺼비와 도롱뇽의 조상, 최초의 양서류들이야.

양서류는 육지에 처음 나타난 네발 동물이야!

육지에는 키 큰 나무와 풀, 곤충과 벌레뿐이었어. 공룡도 없었고, 새도 없었고, 생쥐도 사자도 없었어. 그런 세상에 최초로 커다란 네발 동물이 어슬렁거리기 시작한 거야. 바다에서만 살던 동물에게 육지는 낯설고 걱정되는 곳이었을 텐데, 고맙게도 날씨는 따뜻했어. 잡아먹을 벌레도 많았지 뭐야. 양서류는 종류가 점점 많아지고 몸집이 점점 거대해졌어.

2억 9천 5백만 년 전에 살았던
거대 양서류의 화석이야!

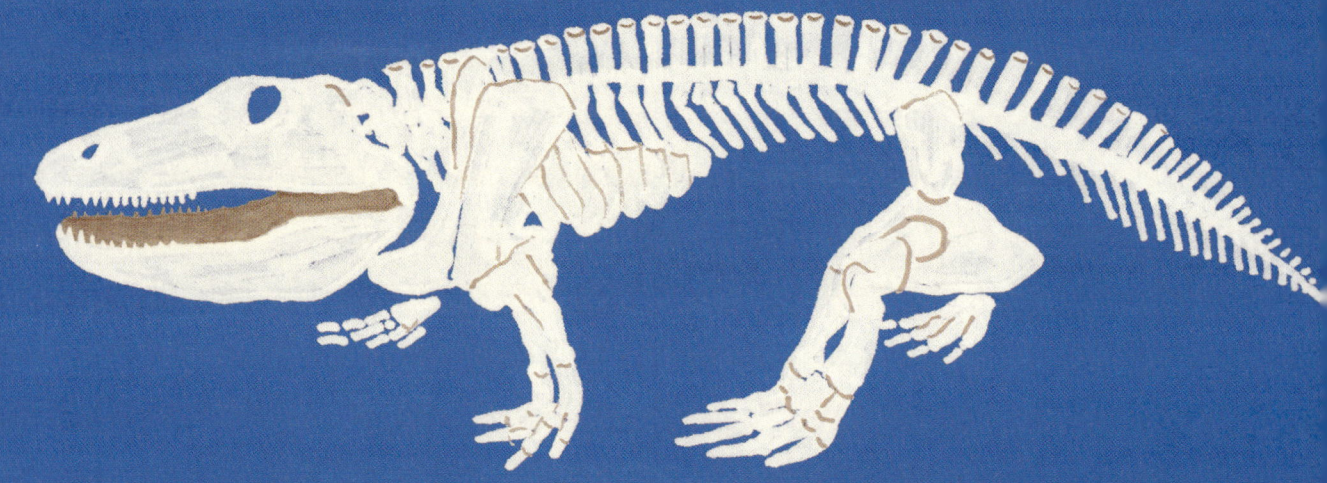

커다란 머리뼈와 다리뼈를 봐.
몸길이는 2미터, 몸무게는 90킬로그램이나 되었어.

이 동물의 이름은 에리옵스야. 믿어져? 이렇게 무시무시한 동물이
개구리의 멀고 먼 조상이라니!
생명의 역사는 어디로 튈지 몰라. 몸집이 더 커지기도 하고 더
작아지기도 해. 작고, 꼬리가 없고, 폴짝폴짝 뛰어다닐 수도 있는
개구리의 가까운 조상은 2억 년쯤 전에 지구에 나타났어.
하지만 먼 옛날에 살았던 거대 양서류는, 지금은 사라지고 없어.
2억 년쯤 전에 날씨가 건조해지고, 공룡의 시대가 되었을 때 크고
무시무시한 양서류는 대부분 멸종하고 말았어.

장수도롱뇽은 지금 지구에 살고 있는 가장 거대한 양서류야.

중국장수도롱뇽은 크고 납작한 머리에 시력이 약한 단추 같은 눈과
거대한 입이 있고, 1.8미터까지 자랄 수 있어. 세계 자연 보전 연맹이
정한 멸종위급종 동물인데도 개체 수는 늘고 있어. 별미 요리와
한약재로 팔기 위해 비좁고 더러운 양식장에서 수백만 마리씩
사육하고 있기 때문이야.

양서류는 최초의 네발 동물이야

정원에서 공주가 말하는 개구리를 만나다
월터 크레인, 1874년, 앤서니 크레인 컬렉션

어릴 때 모습과
다 자란 모습이
완전히 달라

이 그림은 어쩐지 만화 같은데?
공주가 슬픈 눈으로 연못 앞에 앉아 있어. 방금 황금 공을 연못에
빠뜨렸는데 그걸 꺼낼 방법이 없어.
그런데 쑤욱! 연못에서 개구리가 올라와. 아하, 알겠어! 마법에 걸린
개구리 왕자 이야기잖아.
이건 100년도 훨씬 전에 나온 그림책 속의 한 장면이야.
아이들을 위한 좋은 그림책도, 그림책에 그림을 그리는 화가도 별로
없었던 옛날에 영국의 화가 월터 크레인이 그렸어. 벽에 걸어 두고
감상하는 그림 말고, 아이들이 보고 또 보고 뒹굴뒹굴하면서도 볼 수
있는 그림을 말이야. 아이들이 멋진 그림을 보고 자라야 한다고
생각했기 때문이야.

어릴 때 모습과 다 자란 모습이 완전히 달라

그림을 봐. 연못에서 올라온 개구리가 공주를 보며 머리를 한껏 치켜들고 있어. 공주에게 할 말이 있는 것 같아!

그런데 개구리가 머리를 움직일 수 있을까? 힘들 것 같은데!

개구리는 목뼈가 1개 있어. 기린은 목뼈가 7개 있고, 생쥐는 7개, 박쥐는 대략 7개, 닭은 14개 있어.

개구리는 목뼈가 1개라서 머리를 조금 움직일 수 있고 조금 치켜들 수도 있는 거야.

이 이야기의 끝은 우리 모두 잘 알고 있어. 개구리가 왕자로 돌아오고 공주와 결혼을 해. 하지만 만약에 마법이 풀리지 않았다면 개구리는 어떻게 됐을까?

아마도 개구리는 공주가 아니라 암컷 개구리를 찾아야 했을 거야. 울음주머니를 부풀리며 시끄럽고 슬프게 암컷 개구리를 불러야 해. 운 좋게 암컷 개구리를 만나 짝을 짓는다면, 몇 주 뒤에는 귀여운 올챙이가 태어날 거야.

그러고 나면 개구리가 왕자로 변신하는 것보다 더 놀라운 일이 일어나. 올챙이의 인생 앞에는 기이한 변신이 기다리고 있어. 바로바로 올챙이가 자라 개구리가 되는 일이야!

양서류는 탈바꿈을 하는 놀라운 동물이야!

둘이 같은 동물이라니!
믿어져?

앗, 올챙이 엉덩이에서 뒷다리가 나와!
앞다리도 나와.
꼬리가 없어져.
아가미가 사라지고 허파가 생겨.
올챙이가 땅 위에서 폴짝폴짝 뛰어다니는 개구리가 돼.
올챙이와 개구리는 다른데 같은 동물이야!

어렸을 때 모습과 다 자란 모습이
이렇게 완전히 다른 네발 동물은
양서류뿐이야.

사자, 코끼리, 새, 원숭이, 거북…… 척추동물은 대부분 새끼일 때 모습과 다 자랐을 때 모습이 비슷해. 갑자기 다리가 솟아나는 일도, 갑자기 사라져 버리는 일도 없어. 하지만 양서류는 다 자라면 모습도, 사는 곳도, 먹이도, 생활도 모두 달라져.
양서류는 올챙이 때는 물에서 살고, 다 자라면 땅에서도 살아. 물과 땅 양쪽에서 산다고 이름이 양서류야.
양서류는 전 세계에 모두 4,550여 종이 살고 있어.
많다고? 아니, 적다고?
양서류는 다른 척추동물에 비하면 종의 수가 적어. 종류도 많이 없어.

양서류는
개구리, 도롱뇽,
무족영원,
세 무리뿐이야!

개구리는
꼬리가 없어.

도롱뇽은
기다란 꼬리가 있어.

무족영원은
다리가 없어.

조류에는 40종류가 넘는 목(目)이 있고 포유류도 식육목, 우제목, 박쥐목, 쥐목, 토끼목, 캥거루목…… 모두 26종류나 되는데, 양서류는 겨우 3종류 목뿐이야.

양서류는 왜 종류가 조금뿐일까?

작아서? 무기가 없어서? 혹시 포유류나 조류보다 지능이 낮아서일까?
아니, 아니! 이유는 단순할지 몰라. 양서류는 맨 처음 육지에 올라왔지만 육지는 너무 변화무쌍해. 대륙이 갈라지고, 바다가 되고, 산맥이 치솟고, 화산이 폭발해. 양서류는 오랜 시간 동안 여러 차례에 걸쳐 자꾸자꾸 멸종해 버렸어. 개구리, 도롱뇽, 무족영원 무리만 남게 되었어.
개구리 무리에는 개구리와 두꺼비, 맹꽁이 종류가 있고 탈바꿈을 하는 동안 꼬리가 사라져. 양서류 중에서는 개구리 무리가 가장 많아. 도롱뇽 무리는 다 자라도 긴 꼬리가 남아 있어. 개구리 올챙이는 뒷다리가 먼저 나오는데, 도롱뇽 올챙이는 앞다리가 먼저 나와. 몇몇 도롱뇽은 변태를 하지 않고 일생 동안 물속에서 살고 아가미로 숨을 쉬어. 도롱뇽은 먹이를 아주 조금 먹고 느릿느릿 다녀. 신진대사가 느려서 개구리보다 더 오래 살아.

무족영원 무리는 다리가 없고 지렁이처럼 생겼어. 눈이 피부로 덮여 있어서 빛과 어둠만 간신히 구분해. 열대 지역에 살면서 굴을 파고 숨어 사는 수수께끼 같은 동물이야.

양서류는 물속이나 습기가 많은 곳에 껍데기가 없이 말랑말랑하고 투명한 알을 낳아. 10일쯤 지나면 알에서 올챙이가 태어나고 아가미로 숨을 쉬어. 다 자라면 땅 위로 올라와 허파로 숨을 쉬어.

양서류는 처음으로 허파가 발달한 동물이야!

올챙이 시절 갖고 있던 아가미는 물속에서 산소를 많이 얻을 수 있는 놀라운 기관이지만, 땅 위의 공기 중에서는 쓸모가 없어.

다 자란 양서류에게는 허파가 있어. 허파는 공기를 담는 주머니인데, 산소가 더 많이 스며들 수 있도록 허파 안쪽이 쪼글쪼글 주름져 있고, 수없이 많은 모세혈관이 쪼글쪼글 주름진 허파 안쪽에 가득 퍼져 있어. 하지만 양서류의 허파는 산소를 충분히 받아들일 만큼 발달되어 있지는 않아. 양서류가 허파로만 숨을 쉰다면, 금방 질식해 죽고 말 거야.

양서류는 놀랍고도 쉬운 방법으로 그걸 해결해!
뭘까? 책장을 넘겨!

리키아의 농부들을 개구리로 변신시킨 레토
요한 게오르그 플라처, 1730년경, 미니애폴리스 미술관

개구리는 피부로 숨을 쉬어

무슨 일이 벌어지고 있는 거야?
웃통을 벗은 남자들이 몸을 비틀고 팔을 휘저으며 고통스러워하고 있어. 아기 둘을 안고 있는 아름다운 여자는 뭘 하는 거지?
연못가에는 개구리들이 엎드려 있고, 멀리서 몇 사람이 이 불길한 광경을 지켜보고 있어. 도대체 무슨 일일까?
그림 왼쪽에 비틀거리며 서 있는 남자들의 얼굴을 봐. 괴이하게 일그러지고 있어.
이런, 개구리로 변하고 있는 중이야! 그러고 보니 연못가의 개구리 3마리도 조금 전까지 사람이었나 봐!
이건 그리스 신화의 한 장면이야. 한쪽 팔로 아기를 안고 있는 여자는 여신 레토야. 레토가 사람들에게 저주를 내리고 있어!

레토 여신은 지금 도망치는 중이야. 레토와 제우스 신 사이에 쌍둥이 남매가 태어났는데, 제우스 신의 부인 헤라 여신이 질투를 해. 레토는 헤라 여신의 질투에 못 이겨 아기들을 데리고 도망치는 신세가 돼. 지칠 대로 지쳐 어느 연못가에서 물을 마시려 하는데, 인정머리 없는 농부들이 연못의 물은 모두 자기들 것이니 꺼지라며 레토에게 위협을 해. 레토는 간절히 부탁하지만 농부들은 연못의 물을 휘저어 흙탕물로 만들어 버려.

이 그림은 레토 여신이 농부들을 응징하는 장면이야. 그렇게 물을 좋아하니 영원히 물을 떠나지 못하리라! 레토는 못된 농부들을 개구리로 만들어 버려.

이 그림을 그린 오스트리아의 화가 요한 게오르그 플라처는 신화나 역사의 한 장면을 너무나 우아하고 화려하게 그려서, 왕의 총애를 받고 궁정 화가가 되었어. 그림을 봐. 남자들이 괴롭게 울부짖는 소리가 들리는 듯하고, 마음이 뒤숭숭해지는 풍경인데도 그림은 섬세하고 우아하기 그지없어.

그런데 이상해. 레토 여신은 왜 하필 못된 농부들에게 개구리가 되는 벌을 주었을까? 연못 속에서 나오지 못하도록 영원히 물고기로 만들어 버릴 수도 있었을 텐데. 옛날 사람들은 혹시 개구리가 세상에서 가장 흉측한 동물이라고 생각했을까? 개구리가 알면 정말 기분 나쁠 일이야.

아하, 어쩌면 농부들에게는 물고기보다 개구리로 사는 게 더 가혹한 일일지 몰라. 폴짝폴짝 뛰어 자기들이 살던 마을로 가 볼 수 있지만, 마을로 가 보았자 영영 사람으로 돌아올 수 없는 개구리 신세이고 슬프게도 다시 곧 물로 돌아와야 해. 레토 여신이 제대로 벌을 주었어!

올챙이 시절을 지나 다리가 생기고 땅 위로 올라와 허파로 숨을 쉴 수 있게 되어도 개구리는 물을 멀리 떠날 수 없어!

그건 개구리가 피부로 숨을 쉬기 때문이야.
개구리는 필요한 산소의 반만 허파로 호흡하고, 나머지 반을 피부로 호흡해.
피부로 숨을 쉬려면 피부가 늘 축축해야 해! 공기 중의 산소는 피부의 물기에 녹은 뒤에야 몸속으로 들어올 수 있기 때문이야.
피부로 숨을 쉬는 건 생명의 역사에서 아주 오래된 일이야. 사실은 너도 아주아주 조금은 피부로 숨을 쉬고 있어. 축축한 땀구멍으로 산소가 들락거려. 축축한 땅속에 사는 지렁이도 피부로 숨을 쉬어. 물고기의 피부로도 산소가 들락거려.

그래서 개구리는 깨끗한 물에서만 살아야 해. 오염된 물에서는 유독한
화학 물질이 피부를 통해 너무 쉽게 몸속으로 들어와 버리기 때문이야.
1995년 미국의 늪지대에서 이상한 돌연변이 개구리가 발견되어
학자들이 깜짝 놀랐어. 농경지에 비료를 너무 많이 뿌려서 늪지대로
흘러들어가 녹조류와 달팽이가 크게 늘어났어. 그런 달팽이를
올챙이가 먹고, 기생충도 많아졌어.
달팽이의 기생충이 올챙이 몸에 들어가 탈바꿈을 방해해서 다리가
1개이거나 3개인 개구리, 또는 애꾸눈 개구리들이 태어나고 말았어.
피부로 물을 마시고 피부로 숨을 쉬는 개구리에게는 피부가 생명
줄이야.

**포유류는 털이 있고
새는 깃털이 있고
파충류와 물고기도 튼튼한 비늘이 있지만,
개구리는 피부 위에 아무것도 없어.**

개구리의 피부는 얇고 매끌매끌해.
하지만 이렇게 얇은 피부로는 몸속의 물이 자꾸만 증발해 버리는 게
문제야. 그래서 건조한 곳에 사는 개구리는 오줌보 속에 물을 저장해.
오줌보 속의 물로 필요한 수분을 보충해.

물저장개구리는
훨씬 더 놀라운 방법을 개발했어.
온몸을 투명한 막으로 둘러싸!

오스트레일리아의 사막에 사는 물저장개구리는 내내 모래 구덩이
속에서 잠을 자다가 사막에 잠깐 폭우가 내릴 때만 땅 위로 올라와.
곤충들도 폭우에 맞춰 알에서 깨어나는 시기야. 물저장개구리는
정신없이 곤충을 잡아먹고 급하게 짝짓기를 해. 그리고 말라 가는
얕은 웅덩이 속에 알을 낳아. 며칠 만에 알이 부화하고, 올챙이가
놀라운 속도로 자라 개구리가 돼.

**물저장개구리는
빗물이 다 마르기 전에
피부를 통해 물을 잔뜩 흡수해.
풍선처럼 빵빵하게
몸이 부풀어 올라.**

뚱뚱해진 물저장개구리는 모래를 파고 조그만 방을 만들어. 조그만
방에 웅크리고 앉아 피부에서 투명한 점액을 분비하기 시작해!
콧구멍만 뺀, 온몸을 둘러싸는 천연 방수 옷이야.
물저장개구리는 방수 옷에 싸여 모래 구덩이 속에서 1년이고
2년이고 깊은 잠을 자며 사막에 다시 또 비가 쏟아질 때를 기다려.

개구리와 어린이
이중섭, 1950년대, 뮤지엄 SAN

청개구리야, 죽었어? 살았어?

정말 좋겠어! 비를 맞으며 발가벗고 꽃잎 위에 누워 있는 아이 말이야.
어떤 기분일까?
아이의 얼굴을 봐. 네모난 코에 눈이 삐뚤, 입이 싱긋! 그것 말고는
아무것도 없는데 행복하고 평안해 보여. 동글동글 겨우 동그라미
5개를 그렸을 뿐인데 왜 발가락도 즐거워 보이는 거야?
기다란 점이 툭툭! 빗방울이랑 조금도 닮지 않았는데, 꽃잎 위에 기분
좋게 내리는 봄비가 느껴져. 풀잎 위에 앉아 있는 개구리도 함께
즐기는 것 같아. 홀라당 옷을 벗어던진 것처럼 보이잖아.
이 그림의 실제 크기는 아주 작아. 가로 10센티미터, 세로
25센티미터쯤! 공책보다 작은 종이 위에 아이가 느끼는 세상이 모두
담겨 있어.

그림 왼쪽 위에 있는 서명이 보여? ㅈㅇㅅㅂ.

화가 이중섭의 서명이야. 이중섭은 무척 가난한 화가였어. 캔버스도 물감도 살 수 없어서 담뱃갑의 은박지에 송곳으로 그림을 그린 이야기는 너무 유명해. 너무 가난해서 사랑하는 아내와 어린 아이들을 아내의 친정이 있는 일본에 멀리 떠나보내고, 절절히 그리워하며 고독하게 그림을 그렸어. 일생 동안 딱 한 번 연 전시회에서 얼마 안 되는 그림값도 사기당하고 어떤 그림은 발가벗은 어른을 그렸다고 철거되었는데, 죽은 뒤에 자신의 이름을 딴 미술관이 생기고 우리나라 사람들이 가장 좋아하는 화가가 될 줄 알았을까?

1951년에 이중섭은 아내와 아이들을 데리고 육이오 전쟁을 피해 제주도에서 몇 달간 살았어. 거기서도 먹을 것이 없고 가난하긴 마찬가지였지만, 이중섭이 남긴 편지와 그림을 보면 얼마나 평화롭고 행복한 시간이었는지 알 수 있어. 〈개구리와 어린이〉도 이때의 기억이 담긴 그림이야. 언제나 기억하고 싶고, 언제나 되돌아가고 싶은 때의 이야기! 그러니까 그림 속의 발가벗은 어린아이는 이중섭의 아이이기도 하고 자신이기도 해.

그림 속의 개구리가 겨울잠을 자러 갈 때쯤 이중섭 가족도 제주도를 떠났어. 그림 속의 개구리를 다시 봐. 풀잎 위에 앉아 있는 것으로 보아 청개구리라는 걸 알 수 있어.

이렇게 귀여운 개구리를 본 적 있어?

청개구리는 몸통이 납작하고 홀쭉해.

울음주머니를 좀 봐!
청개구리는
겨우 3~5센티미터쯤밖에
안 되지만 우렁찬 울음소리가
1킬로미터 밖에서도 들려.

꽉 꽉 꽉

청개구리야, 죽었어? 살았어?

혹시 나무에 앉아 있는 개구리를 본 적 있어?

그렇다면 그건 청개구리야!

만약에 시골 마을 화장실에서 벽에 붙어 있는 개구리를 본다면 그것도 청개구리야.

청개구리는 어떻게 높은 데를 기어 올라갈까?

청개구리의 발가락 끝에 비밀이 있어. 발가락에 있는 둥근 빨판이 보여?

**우리나라에 사는 개구리 중에 무언가를 타고 올라갈 수 있는 개구리는 청개구리뿐이야.
어떤 나라에서는 나무개구리라고도 불러.**

청개구리는 나뭇가지나 풀잎에 앉아 하루를 보내. 청개구리는 다른 개구리보다 피부가 얇고 부드러워서 쨍쨍한 햇볕 아래 몇 분만 있어도 목숨이 위험해. 그래서 그늘에 가만히 숨어 있다가 벌레가 가까이 오면 잡아먹어.

찬바람이 불면 청개구리는 수백 미터 떨어진 산자락으로 이동을 해. 곤충을 많이 잡아먹고 토실토실 점점 뚱뚱해져.

겨울이 점점 다가와.
개구리의 체온이 점점 내려가!

**개구리는 변온동물이야.
그건 5도쯤 되는 날씨에 바깥에 있다면
개구리의 체온도 5도쯤 된다는 뜻이야.**

당연해! 돌멩이든지 물이든지 살아 있는 생명체든지 주위 온도에 따라 따뜻해졌다 차가워졌다 해. 차가운 곳에 있으면 온도가 저절로 내려가. 뜨거운 곳에서는 저절로 온도가 올라가. 그게 보통이야.
물고기, 벌레, 양서류, 파충류…… 대부분의 생물은 변온동물이야. 그래서 날씨가 추워지면 겨울잠을 자러 가야 해. 기온이 5도쯤 되면 청개구리는 썩은 나무 밑에 들어가 겨울잠을 자.
참개구리와 두꺼비는 땅속에 구멍을 파고 겨울잠을 자고, 산개구리는 얼지 않는 차가운 물속 돌 틈 사이에 들어가 잠을 자. 물두꺼비는 암컷과 수컷이 꼭 껴안고 물속에서 함께 겨울잠을 자.
하지만 청개구리는 썩은 나무 밑이나 얕은 흙 속같이 아주 차가운 곳에서 겨울잠을 자!

가끔 실수로 사람들이 겨울잠을 자는 개구리를 건드려. 밭에서
돼지감자를 캐다가 발견하고 깜짝 놀라. 오솔길을 걷다가
납작한 돌인 줄 알고 발길로 차 버리기도 해!

겨울잠을 자는 청개구리는
몸이 빳빳해지고,
코로 숨 쉬지도 않고,
심장도 거의 뛰지 않아!
죽은 것과 다름이 없어!

하지만 몸속의 당분 농도가 높아서 체액이 모두 꽁꽁 얼지는 않아.
그 정도 당분이면 사람은 초급성 당뇨병에 걸려서 목숨을 잃을
텐데도 개구리가 어떻게 괜찮은지 학자들도 놀라고 있어.
이렇게 목숨을 걸고 동면하는 개구리를 몸에 좋다고 잡는 사람이
있어. 수십 마리, 수백 마리를 불법으로 포획하고 있어!

꽃이 있는 정물

게오르그 플레겔, 1604년경, 피츠윌리엄 박물관

© Fitzwilliam Museum / Bridgeman Images - GNC media, Seoul, 2022

참 이상한 개구리도 많지

식탁 위에 황금색 꽃병이 있고 색색깔 꽃이 가득해. 꽃잎이 한 장 한 장, 한 올 한 올 살아 있는 것 같아. 황금색 꽃병은 우아하고 값비싸 보여. 그림에 손을 대면 올록볼록하고 윤이 나는 꽃병이 만져질 것만 같아. 무척이나 꼼꼼하고, 무척이나 화려한 그림이야.
그런데 이상해. 어쩐지 기이하고 우울한 느낌이 들어.
꽃병 뒤쪽이 온통 까만 걸 눈치챘어? 검은 배경의 그림은 별로 본 적이 없는데 말이야. 앗, 까만색 꽃도 있잖아! 머리카락 같은 봉오리를 툭 떨어뜨린 까만 꽃이 보여? 그리고 보니 꽃병 한가운데에 해골이 새겨져 있어!
혹시 마녀의 주방일까? 식탁을 봐. 도무지 식탁 위에 있을 것 같지 않은 것들이 여기저기 놓여 있어.

식탁 위에 있는 것들이 모두 다 이상해.

닳고 구부러진 동전들, 소라 껍데기, 개구리와 달팽이, 아주까리 콩, 무당벌레와 풍뎅이…… 이게 다 뭐람! 어울리지도 않는데 시침을 뚝 떼고 엄숙하게 함께 모여 있어.

이 그림을 그린 사람은 독일의 화가 게오르그 플레겔이야. 유명한 정물 화가로 이름을 날렸는데, 30년 동안 거의 비슷한 정물화를 100점이나 그렸어. 얼마나 관찰력이 뛰어난지 물건이든 살아 있는 생명체든 캔버스에 그려진 모든 것이 진짜보다 더 진짜 같아서 감탄스럽지만, 한결같이 어둡고 적막한 느낌이야.

게오르그 플레겔은 뛰어난 솜씨로 왜 한평생 이런 것들을 그렸을까? 그림 속에 있는 것들은 그냥 거기 그려진 게 아니야. 개구리와 달팽이와 벌레들은 죽음을 상징해. 아름다운 꽃과 값비싼 꽃병, 금화와 은화, 귀족이 취미로 수집하는 소라 껍데기는 세상의 부귀를 뜻해. 하지만 아름다운 꽃은 시들어 가고 값비싼 금화마저 낡고 하찮게 보여. 사람들은 영원히 부귀영화를 누리기 바라지만 모든 것이 죽음 앞에서 덧없으니 욕심과 허영심에 휘둘리지 말고 겸손하게 살라는 뜻이 그림에 담겨 있어.

이런 그림은 부유한 귀족들이 거실이나 주방에 걸려고 많이 주문했는데, 실제로 그림을 보며 귀족들이 얼마나 겸허해졌는지는 알 수 없어.

그런데 왜 개구리가 죽음을 상징하게 되었을까? 봄에 그토록 요란히
울어 대다 찬바람이 불면 모두 다 땅속으로 숨어들기 때문일까?
개구리는 죽은 듯이 겨울잠을 자다가도 봄이 되면 다시 깨어나
기운차게 우는 반가운 동물인데 말이야.
개구리는 오래 살아!
햄스터보다 토끼보다 오래 살아.
개나 고양이만큼, 아니 더 오래 살아.

**황소개구리의 수명은 16년,
무당개구리 종류는 20년,
청개구리는 10년쯤,
두꺼비는 36년이나 돼!**

이건 사육 상태를 기준으로 한 수명이지만, 조그맣고 연약하게
보이는 개구리가 이렇게 오래 산다는 거야.
이 그림을 그린 1600년대는 아직 동물의 생태를 연구하는 학자가
거의 없고, 조그만 생명체들이 얼마나 신비롭고 놀라운지 몰랐을
때야. 지금이라면 어떤 화가도 개구리를 그저 죽음을 상징하는
동물로 그리지 않을 텐데.

정말 개구리 맞아?

개구리계의 이단아 같아.

지구에 사는 개구리 무리는 모두 3,500종쯤이야. 개구리 무리가 이렇게나 다양해. 양서류 중에 개구리 무리가 가장 번성했어. 우리나라에는 참개구리, 산개구리, 청개구리, 옴개구리, 금개구리, 무당개구리, 두꺼비…… 15종이 살고 있어. 수천 종의 개구리들 대부분은 덥고 습한 열대 지역에 살고 있는데, 이상하고 신기한 개구리가 얼마나 많은지 학자들도 깜짝깜짝 놀라.

온몸에 이끼를 뒤덮고 있는 것 같은 **이끼개구리**,
2003년에 처음 발견된 **돼지코개구리**,
새빨간 눈을 가진 **붉은눈나무개구리**,
자랄수록 몸이 빨갛게 변하는 **토마토개구리**,
피부가 투명한 **유리개구리**,
돌멩이도 들 수 있는 힘센 **골리앗개구리**!

가장 특이한 개구리는 알을 잘 돌보는 개구리일 거야. 개구리는 알을 아주 많이 낳고, 알을 낳으면 더 이상 돌보지 않고 떠나 버려. 하지만 알을 몇 개만 낳아 잘 돌보는 개구리가 있다는 거야.

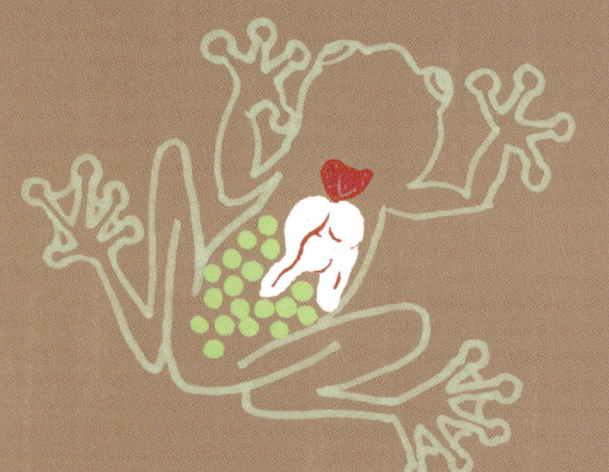

유리개구리야.
배 속에 알이 보여?

산파두꺼비야.

고양이만큼
커다란
골리앗개구리야.

유리개구리는 웅덩이 위 잎사귀에 알을 낳아. 부화할 때까지 수컷이 알을 지켜. 올챙이가 깨어나면 미끄러져 물웅덩이로 떨어져.
산파두꺼비는 알을 등에 업고 다녀!
암컷이 알을 낳고 가 버리면 수컷이 줄줄이 이어진 알을 뒷다리와 등에 휘감아. 어디를 가든지 절뚝거리며 알을 업고 다녀. 알이 부화할 때가 되면 물웅덩이로 가서 다리를 물속에 담가. 올챙이들이 다 깨어 나오도록 그러고 있어.
골리앗개구리는 아프리카 서쪽의 열대 밀림에 살고 있어. 세상에서 가장 크고 힘이 센 개구리야. 돌멩이도 들 수 있어. 골리앗개구리 수컷은 개울가에 웅덩이를 파고, 돌멩이를 날라 웅덩이 가장자리에 야트막하게 쌓아. 귀중한 올챙이가 급류에 떠내려가거나 물고기에게 잡아먹히지 않도록 전용 연못을 만들어 주는 거야.
붉은눈나무개구리는 웅덩이 위 잎사귀에 알을 낳아. 부화한 올챙이는 미끄러져 물웅덩이로 떨어져서 올챙이 생활을 해.

어숭이와 개구리(신사임당 초충도)
전(傳) 신사임당, 조선 시대, 국립 중앙 박물관

개구리는 사냥을 잘해

이 그림은 보고 있으면 기분이 좋아져.
아무도 눈여겨보지 않을 것 같은, 꽃과 나비와 잠자리와 여치와
개구리의 어느 하루야. 하지만 화가는 쪼그리고 앉아 재미있게
이 광경을 보았나 봐. 개구리와 여치와 잠자리를 꼼꼼히 관찰하고
마음에 품었다가 종이를 펼쳐.
눈을 감았다가 천천히 뜨고, 쓱쓱 붓을 움직여.
빨간 잠자리가 날아와.
꽃을 보고 기뻐하며 날아오는 나비 2마리, 쑤욱 자란 도라지꽃도!
도라지꽃은 흰색과 파란색이 있지만 여기는 파란 꽃이 어울려.
그런데 어숭이는 뭐지?
가운데 접시처럼 보이는 커다란 꽃이 어숭이야.

바닥에는 땅만 보며 묵묵히 기어가는 여치가 있어. 누가 뭐래도 열심히 자기 할 일을 하고 있는 것 같아서 존중해 줘야 할 것 같은 모습이야! 그런데 머리를 쳐든 개구리는 무얼 보고 있는 걸까? 고개를 숙인 어숭이를 보는 걸까? 팔랑거리는 나비를 보는 걸까? '나비야, 조금만 내려와라. 조금만 더 내려와라.' 하며 당장이라도 풀쩍 뛰어오르려는 것 같아.

이 그림의 제목은 〈어숭이와 개구리〉인데, 〈초충도〉라고도 불리워. 초충도는 풀과 벌레를 그린 그림이라는 뜻이야. 조선 시대의 화가이고 율곡 이이의 어머니로 잘 알려진 신사임당이 초충도를 잘 그렸어. 신사임당의 초충도는 모두 8폭으로 된 그림인데, 이건 그중에 하나야. 신사임당의 초충도는 왕실에서도 모사해 병풍으로 만들어 보관할 만큼 인기가 많았어.

소똥구리, 잠자리, 방아깨비, 나비, 벌, 들쥐, 개구리, 개미, 오이, 가지, 수박, 맨드라미, 도라지꽃, 봉선화, 나팔꽃들이 주인공이야. 여간해서는 대화가의 그림에 주인공이 되기 힘든 소박한 생물들을 그렸는데도, 신사임당의 솜씨로 따뜻하고, 정겹고, 소박하고, 섬세하고, 재미있는 작품이 되었어.

다시 그림을 봐. 머리를 쳐든 개구리가, 나비가 가까이 오기를 숨죽이고 기다리고 있어.

개구리가 사냥을 하려는 거야!

개구리는 작지만 육식 동물이야.
기다란 혀를 쭉 빼서 먹이를 잡아!

개구리는 사냥을 잘해

개구리는 기다란 혀 덕분에 가만히 앉아서 사냥을 해.
강력한 이빨로 먹이를 물어뜯는 것도 아니고, 먹잇감을 재빨리
뒤쫓아 가 공격하지도 못하면서 사냥을 잘해.
저렇게 쉽게 사냥을 하다니!
사자나 치타가 본다면 정말 부러워할 일이야.
그런데 이렇게 기다란 혀가 어떻게 입속에 다 들어 있었을까?
보통 때는 입속에 혀가 둘둘 말려 있어.
먹잇감을 발견하면 화살처럼 튀어나가. 혀를 화살처럼 쏘고 먹이를
입으로 가져오는 데 1초도 걸리지 않아.

**개구리의 혀는 입 속 뒤쪽에 붙어 있지 않고
입 앞쪽에 붙어 있어.
그냥 휙 뻗기만 해도 멀리 나가!**

개구리의 혀끝에 붙잡히면 웬만한 벌레는 개구리의 끈적끈적한
혀에서 도망가지 못해. 하지만 혀가 없는 개구리도 있어. 혀가 없는
개구리는 발가락으로 먹이를 잡아서 입속에 밀어 넣어.
개구리는 이빨이 너무 작아서 그걸로 먹이를 씹지 못해. 먹이를
통째로 삼켜.

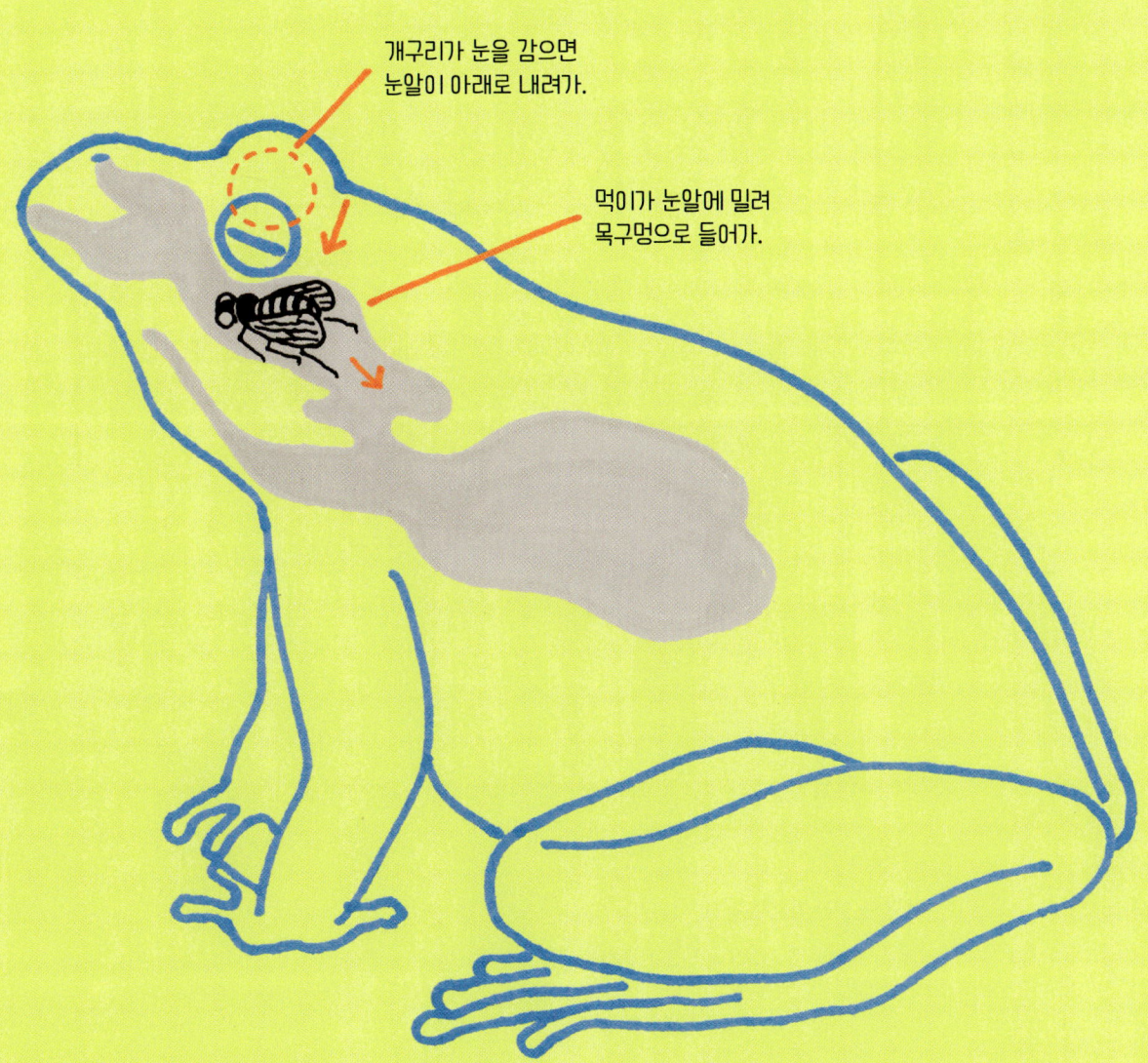

개구리는 사냥을 잘해

개구리는 절대로 죽은 먹잇감을 먹지 않아. 개구리는 움직이는 것만 잡아먹어. 나비가 꽃에 앉아 팔랑거리지도 않고 움직이지도 않고 가만히 있으면, 개구리는 나비가 아무리 가까이 있어도 알아채지 못해.

맛있는 먹이가 주위에 가득 있다고 해도 먹잇감이 움직이지 않으면 개구리는 그냥 앉아서 굶어 죽을 거야.

개구리가 바보일까?
개구리의 뇌는 움직이는 것만 먹이라고 생각하도록 프로그램되어 있어. 야생에서는 그게 당연하고 안전해. 움직이지 않는 먹이는 죽었거나 썩은 게 틀림없다고 생각해.
개구리는 곤충과 벌레, 거미, 달팽이, 지네, 지렁이, 작은 물고기를 잡아먹고 뱀, 물총새, 너구리, 오소리, 삵, 수달, 까마귀, 메기에게 잡아먹혀. 개구리는 아주 맛있는 먹잇감이야. 몸이 연하고 딱딱한 껍데기도 없고 영양이 풍부해서 천적이 많아. 개구리를 안 먹는 육식 동물을 찾아보기 힘들 정도일걸. 개구리는 천적이 나타나면 펄쩍 뛰어올라 사냥꾼의 눈앞에서 달아나.

3

온 힘을 다 쏟기 위해
눈을 감아.

2

다리를 힘껏 뻗어.

1

발꿈치와 발바닥으로
땅을 박차.

개구리는 덩치가 작아도 높이 뛰어.
자기 키의 20배까지 뛸 수 있어!

풍덩!

풀쩍 뛰어서 물속에 숨어!

개구리는 헤엄을 잘 쳐.

뒷다리를 오므렸다 쭉 펴면서 앞으로 나아가.

청개구리나 두꺼비는 물에 잘 들어가지 않지만, 참개구리는 늘 물
가까이 있다가 위험이 닥치면 풀쩍 뛰어서 물속에 숨어. 참개구리는
점프를 잘하고 헤엄도 잘 치고 사냥도 잘해.

하지만 참개구리와 닮았어도 행동이 굼뜬 개구리가 있어. 바로바로
금개구리야. 금개구리는 우리나라에 사는 개구리 중에 사냥 실력이
가장 떨어져. 참개구리에 비하면 뒷다리가 짧아서 점프 실력도
보잘것없어. 겨우 60센티미터밖에 못 뛰어올라. 천적이 다가와도
재빨리 도망가지 못하고 쉽게 잡아먹혀. 오죽하면 별명이
멍텅구리야!

멍텅구리 금개구리는 한곳에서만 살고 거의 10미터도 벗어나지 않아.
금개구리는 멀리 이동하지 않고 조상 대대로 한곳에서 살아왔기
때문에, 논이 농약으로 물들고 아스팔트 도로와 아파트가 들어서 살
곳이 줄어들어도 이사 갈 생각을 안 해! 우리나라 멸종위기 야생생물
Ⅱ급으로 지정되었지만 언제 멸종될지 몰라.

다행히도 국립생태원 멸종위기종 복원센터에서 금개구리를 보호하며
연구하고 있어. 2019년에는 금개구리 600마리를 생태원 수생
식물원에 방사했어.

멍텅구리 금개구리는 무사히 알을 낳았을까?

잘 자라고 있을까?

외밭의 참개구리(과전전계)_부분
정선, 조선 시대, 간송 미술관
ⓒ간송미술문화재단

고막은 양서류의 발명품이야

이 그림의 제목은 〈외밭의 참개구리(과전전계)〉야.
신사임당보다 100년쯤 뒤에 살았던 선비 화가 정선의 그림이야.
다른 화가들이 사랑방에 앉아 에헴, 상상으로 중국풍의 산수화를
그릴 때, 정선은 아름다운 금강산을 직접 여행하고, 관찰하고 느낀
대로 새롭게 그려 단번에 조선 제일의 화가가 되었어.
그런 대화가가 이번엔 웅장한 금강산이 아니라 소소하게 개구리와
오이를 그렸어.
가시가 볼록볼록 탱탱한 오이를 봐. 오이의 점 하나도 예사롭지 않아.
붓 끝으로 점 하나를 찍었는데도 품위와 재미가 있어.
머리를 치켜들고 있는 개구리를 봐. 조그만 개구리한테서도 위엄이
느껴져!

개구리의 눈을 좀 봐. 겨우 동그라미 2개를 그렸을 뿐인데 눈만 봐도 먹이를 노리고 있는 개구리가 얼마나 집중하고 있는지 엄숙하게 느껴질 지경이야. 땅에 닿을 듯 내려와 있는 큰 오이와 줄기에 잘 매달려 있는 조그만 오이는 금방이라도 따 먹을 수 있을 듯하고, 넓고 꺼칠꺼칠한 오이 잎과 꼬불꼬불 덩굴손도 너무 생생해.

패랭이야, 안녕? 개구리 코끝 위에 있는 진홍색 패랭이꽃에도 인사를 해야 할 것만 같아.

참개구리는 저 위 팔랑거리는 나비를 노리고 있는데, 그림에는 나비가 안 보여. 〈외밭의 참개구리(과전전계)〉는 원래 세로로 기다란 그림인데, 여기서는 개구리를 잘 볼 수 있도록 아래쪽만 확대했기 때문이야.

> 참개구리는 주둥이 끝에서 꽁무니까지
> 등 가운데 줄이 하나 있고,
> 눈에서 엉덩이 쪽으로
> 볼록 솟은 줄이 2개 있어.

참개구리는 우리나라에 사는 개구리 중에 가장 흔한 종으로 크기가 6~9센티미터쯤 돼. 우리나라에서는 황소개구리와 두꺼비 다음으로 덩치가 커.

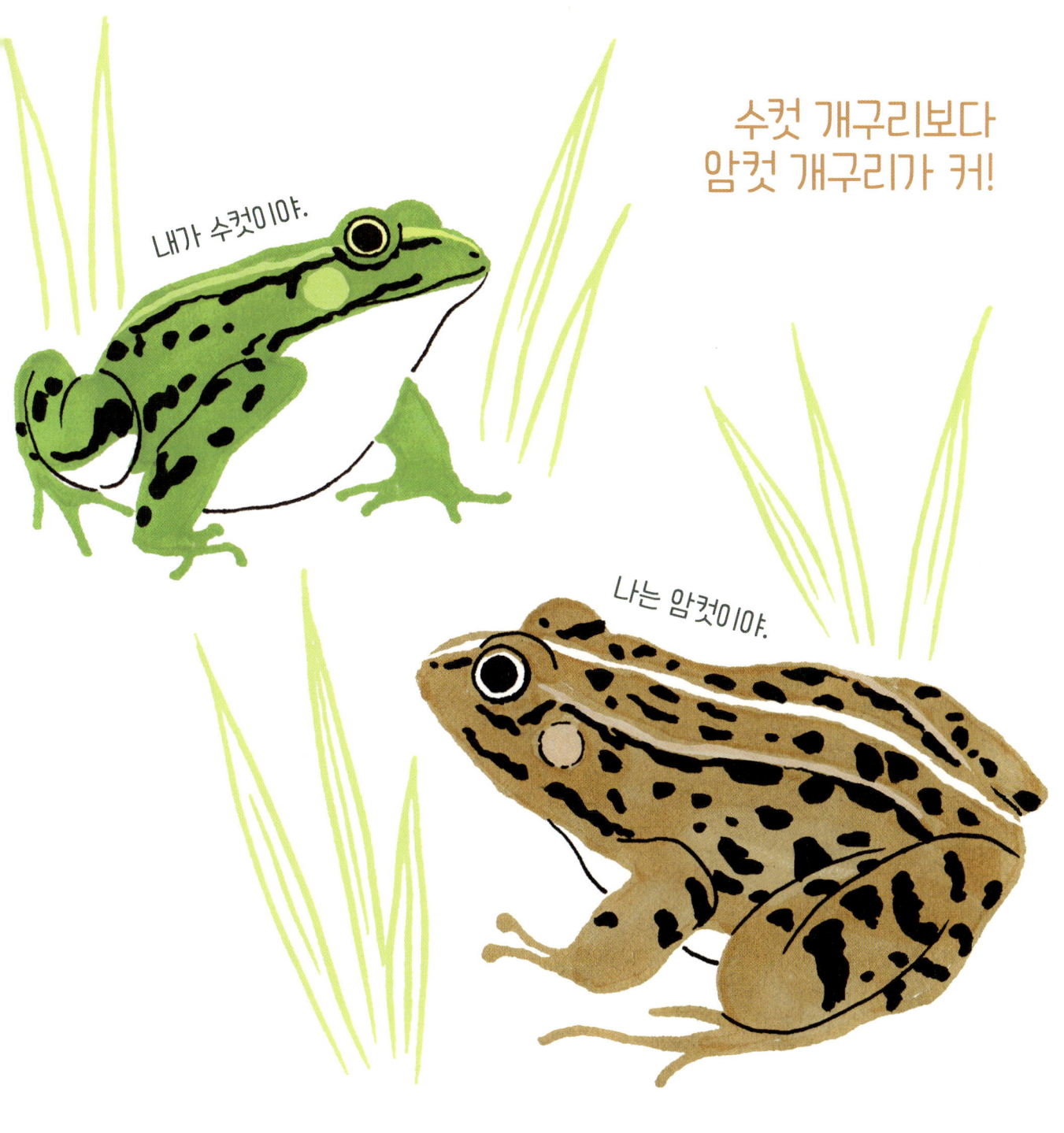

고마운 양서류의 발명품이야

참개구리는 주변 환경에 맞춰 몸 색깔을 조금씩 바꿀 수 있어.
참개구리는 논이나 연못, 개울가, 저수지에 살아.
봄이 되면 수컷 개구리들이 논물에 들어가 떼를 지어 우렁차게 울어.
때로는 여러 종이 한데 모여 함께 소리 높여 울기도 해.

**참개구리는 꾸르룩꾸르룩 울어.
청개구리는 꽉꽉 꽉꽉 울고
산개구리는 뽀오옹악 뽀오옹악 울어.
맹꽁이는 1마리가 맹 하고 울면
다른 놈이 꽁 하고 울어.
그래서 맹꽁이야.
옴개구리는 울음주머니가 없어서
목으로 찌지직 작게 울어.**

개구리들이 한데 모여 울어도 개구리 종류마다 울음소리가 달라서
암컷 개구리는 자기 종을 잘 찾아갈 수 있어.
개구리는 자기 영역을 지키려고 울고, 짝을 찾으려고 울어. 비가 올
때는 더 많이 울어. 비가 오면 피부로 숨 쉬는 게 더 편해져서 더 실컷
울어.

그런데 개구리가 이렇게 소리를 지르는 건 놀랍게도 개구리가 귀로
소리를 들을 수 있기 때문이야.
당연한 말씀 아니겠어?
하지만 당연한 게 당연하지 않아!

**개구리는 고막이 있어.
육지의 척추동물 중에서
개구리의 조상에게 처음으로
고막이 생겨났어!**

물속에 사는 물고기와 달리 개구리는 공기 중으로 전해지는 소리를
들어야 해.
소리의 파동은 물보다 공기 중에서 더 느리고 더 쉽게 사라져. 그래서
육지에 사는 동물에게는 공기의 진동을 잘 감지할 수 있는 민감한
기관이 필요해. 그게 바로 고막이야.
사람의 고막은 귓바퀴 안쪽으로 보이지 않게 숨어 있어. 지름이
9밀리미터쯤이고 두께는 0.1밀리미터쯤이야. 개구리는 고막이
바깥으로 드러나 있어.

앗, 암컷 개구리의 고막이 마구 진동해! 수컷 개구리가 간절하고
시끄럽게 울어 대기 때문이야. 암컷 개구리가 그중에서 마음에 드는
소리를 찾았어!
드디어 짝짓기를 시작할 때야.
하지만 이크, 암컷을 차지하지 못한 다른 수컷 개구리들이 달려들어.

**암컷을 차지한 수컷 개구리는
암컷 개구리를 뒤에서 꽉 껴안아.
달려드는 다른 수컷에게 소리를 지르고
뒷다리로 뻥, 차 버려.**

휴, 경쟁자들이 모두 사라졌어.
수컷 개구리가 암컷 개구리를 껴안고 물속으로 뛰어들어. 암컷은
수컷을 업고 알 낳기 좋은 곳을 찾아다녀. 암컷 개구리가 물속이나
물풀의 잎에 알을 낳으면, 수컷 개구리가 그 위에 바로 정액을 뿌리고
드디어 수정이 돼!
개구리는 어마어마하게 알을 많이 낳아. 참개구리 암컷 1마리가
1,000~3,000개, 황소개구리는 6,000~40,000개쯤 낳아.

두꺼비와 가지(하마가자)
정선, 1676년, 간송 미술관
ⓒ간송미술문화재단

두꺼비는 독이 있어

이번에는 가지 밭의 두꺼비야. 〈두꺼비와 가지(하마가자)〉를 그린 정선의 또 다른 초충도야.
구멍이 숭숭 난 가지 잎과 탐스러운 가지가 보여. 가지 잎 아래 두꺼비가 바짝 엎드려 있어. 두꺼비의 시선을 따라가면 앗, 눈곱만 한 파리가 보여! 파리는 이제 곧 죽은 목숨일걸. 두꺼비 옆에서는 소똥구리 1마리가 열심히 소똥을 굴리고 있어. 하지만 두꺼비는 소똥구리는 관심이 없나 봐. 본 척도 안 해.
두꺼비는 황소개구리가 들어오기 전까지 우리나라에서 가장 큰 개구리 종이었어. 두꺼비는 낮에 돌 밑이나 나무뿌리 밑에 숨어 있다가 어둑어둑한 무렵 기어 나와. 옛날 사람들은 두꺼비를 보면 재물을 가져다주고 은혜를 갚는 동물이라고 반가워했어.

두꺼비는 개구리 무리에 속해. 하지만 다른 개구리들과 모습이 조금 달라. 〈두꺼비와 가지(하마가자)〉를 보면, 한눈에도 개구리와 다른 걸 알 수 있어.

두꺼비는 개구리보다 몸집이 크고, 근엄하게 보여.

개구리는 매끌매끌하고, 두꺼비는 오돌토돌 돌기가 있어.
개구리는 피부가 얇고 축축한데, 두꺼비는 피부가 두껍고 훨씬 건조해. 그래서 물기가 없고 메마른 곳에서도 잘 살아.
개구리는 다리가 길고, 두꺼비는 짧아.
개구리는 뒷다리에 물갈퀴가 있고, 두꺼비는 없어.
개구리는 이빨이 있는데, 두꺼비는 없어!
두꺼비는 개구리와 함께 이야기 속에도 잘 등장해.
실제는 둘이 서로 쳐다볼 일도 없지만, 가끔 두꺼비 수컷이 황소개구리가 두꺼비 암컷인 줄 알고 껴안는 일이 있어. 너무 꽉 껴안아서 황소개구리 암컷이 그만 죽어 버리기도 해.
안타깝게도 요즘에는 두꺼비를 잘 볼 수 없어.

두꺼비는 해마다 알 낳는 곳이 똑같아. 산에서 겨울을 나고 산 아래 저수지나 연못으로 떼를 지어 알을 낳으러 와.
그런데 사람들이 두꺼비가 해마다 오가는 길목에 찻길을 만들고, 찻길을 오가는 차에 두꺼비가 치여 죽어. 그래도 고지식한 두꺼비는 다른 길로 갈 줄 몰라!
두꺼비는 이른 봄에 짝짓기를 하고, 기다란 투명 젤리 속에 줄줄이 띠 모양으로 알을 낳아.

두꺼비 부부는 수천 개의 알을 낳고, 봄잠을 자러 떠나!

두꺼비 무리는 겨울잠에서 깨어 짝짓기를 하고 또다시 봄잠을 자.
하하, 짝짓기하고 알을 낳느라고 에너지를 너무 많이 썼나 봐.
두꺼비는 흙을 파고 한 달쯤 편안하게 봄잠을 잔 다음에야 기분 좋게 깨어나 돌아다녀.
두꺼비는 폴짝폴짝 뛰지 않고 느긋하게 엉금엉금 다녀. 두꺼비는 다리가 짧아서 개구리처럼 점프를 못해. 두꺼비는 높이 뛸 필요가 없어.

두꺼비는 폴짝폴짝 못 뛰고
엉금엉금 기어!

그래도 돼! 두꺼비는 독이 있어!

두꺼비가 거만하게 돌아다녀도 뱀이나 새가 섣불리 잡아먹지 못해. 아하, 두꺼비가 점잖고 거만하게 엉금엉금 돌아다니는 이유가 바로 그거였어. 두꺼비의 귀밑샘은 독액으로 채워져 있고, 등의 돌기에서도 독액이 나와. 두꺼비 알과 올챙이도 독이 있다고 알려져 있어. 옛날이야기 〈콩쥐 팥쥐〉에서 두꺼비가 사람이 사는 집 마당에 엉금엉금 나타난 것도 별로 무서울 게 없기 때문일지 몰라.

하지만 간혹 두꺼비를 잡으러 다니는 사람들이 있어. 몸에 좋다는 잘못된 소문이 있거든. 두꺼비를 먹는 것은 사람에게도 치명적이야. 가끔 두꺼비를 먹고 죽은 사건이 뉴스에 나오기도 해.

개구리 무리 중에는 자기를 방어하려고 독을 가진 녀석들이 많아. 노랑독화살개구리의 독은 겨우 1밀리그램만으로도 10,000마리의 들쥐를 죽일 수 있어. 원주민들은 이걸로 독화살을 만들어 사냥을 했어. 사탕수수두꺼비는 독이 너무 강해서 뱀이 미처 삼킬 겨를도 없이 두꺼비를 입에 문 채 죽기도 해.

뱀의 독은 먹잇감을 죽이기 위한 무기지만, 개구리의 독은 자기를 보호하는 무기야. 개구리가 아무리 강한 독을 가지고 있어도 잡아먹힌 다음에는 소용이 없어. 그래서 독개구리는 대개 색깔이 알록달록하고 눈에 잘 띄어. 경계색이야!

우리나라 강원도에는 무당개구리가 많이 살고 있어. 물이 차고 맑은 산골짜기에 살아. 두꺼비처럼 등에 혹이 많아 울퉁불퉁해. 피부에서 미끈하고 하얀 독액이 나와.

**까치나 뱀이 나타나면
무당개구리는
바닥에 벌러덩 누워
네 다리를 하늘로 치켜들고
새빨간 배를 내보여.**

경계색을 무시하고 잡아먹는 놈은 토하며 고생을 하고, 다시 무당개구리를 안 잡아먹어.
무당개구리는 색깔이 섬뜩해서 사람도 조심해.

아담과 이브의 유혹_부분
미켈란젤로 부오나로티, 1508~1512년, 시스티나 성당

뱀은 뼈가 너무 많아

이건 높고 높은 예배당의 천장에 그린 그림이야.
이 그림을 제대로 보려면 교황이 사는 바티칸으로 가서, 시스티나 성당의 문을 열고 높고 높은 천장을 올려다보아야 해.
그러니 팔을 쭉 뻗어 머리 위로 책을 올려. 지금 여기가 시스티나 성당이라고 상상하면서!
고개를 뒤로 젖히고 그림을 올려다봐. 그림을 그린 화가도 사다리 위에 올라가 하루 종일 고개를 뒤로 꺾은 채 물감이 뚝뚝 떨어지는 천장을 바라보며 그림을 그렸어.
그러니까 그건 이렇게 된 이야기야. 1508년, 교황 율리우스 2세가 미켈란젤로에게 시스티나 예배당의 넓고도 넓은 천장을 모두 그림으로 채우라고 지시해.

미켈란젤로는 자신을 조각가라 생각했지만 교황의 명령에 따라 거대한 벽화에 도전해. 하지만 교황의 주문대로 그리지 않고 자기의 구상대로 그림을 그려.

제대로 먹지도 않고 잠도 못 자고 하루 종일 고개를 젖히고 있느라 목뼈가 삐뚤어질 지경인데도, 완벽하고 또 완벽하게 그리느라 그림이 자꾸만 늦어져. 1년이 넘도록 보수는 한 푼도 받지 못하고 가족들은 돈을 벌어오라고 성화야. 시기하고 질투하는 사람들의 방해 속에서도 미켈란젤로는 자존심 전부를 걸고 신을 향한 진지한 마음으로 마침내 거대하고 놀라운 천장화를 완성해. 미켈란젤로가 상상한 열정적인 하나님, 아담과 이브, 유혹하는 뱀, 노아와 선지자들이 등장하는 그림 9점이 천장을 가득 채우고 있어. 이 책에 나와 있는 그림은 그중의 하나 〈아담과 이브의 유혹〉이야.

태초에 하나님이 천지를 만드시고 에덴동산에 아담과 이브를 살게 하셨어. 하나님이 말씀하시길, 동산의 모든 열매들은 마음대로 먹되 선악을 알게 하는 나무의 열매는 먹지 말라 하셨는데 그림을 봐! 바로 지금 아담과 이브가 하나님의 말씀을 거역하려 해.

커다란 뱀이 나무를 칭칭 감고 이브에게 열매를 건네고 있어. 그런데 뱀의 머리가 여자 사람이야!

이브는 주저하면서도 뱀에게 팔을 내밀어. 옆에서는 아담이 엉거주춤 서서 손을 뻗어 열매를 따 먹으려 해!

그런데 여기가 정말 아름다운 에덴동산이 맞는 거야?
멀리 땅 끝까지 초원이 펼쳐져 있지만, 아담과 이브가 있는 곳은 풀 한 포기 없고 딱딱한 바위만 있는 맨땅이야. 이브 뒤쪽에는 부러진 나무가 있어. 선악을 알게 하는 나무는 잎이 풍성한데도 어쩐지 메말라 보여. 하나님의 말씀을 거역하고 죄를 짓는 순간, 에덴동산에도 기쁨이 사라져 버렸나 봐.
그런데 왜 하필 수많은 동물 중에 뱀이 아담과 이브를 유혹하는 동물이 되었을까?

뱀은 기이하게 생긴 동물이야. 다리가 없고 몸통은 너무 길어!

옛날 사람들은 뱀이 얼마나 이상했을까? 물고기도 아니고 지렁이도 아니고, 커다란 육지 동물인데 다리가 없어! 그런 동물을 뱀 말고 본 적이 있어? 지렁이는 작고 땅속에 숨어 살아. 하물며 물고기도 지느러미가 있잖아. 뱀은 너무 매끈해. 그런데도 기어서 어디든 가고 높은 나무에도 구불구불 잘 올라가.
뱀도 뼈가 있을까? 뱀도 어엿한 척추동물이야. 당연히 뼈가 있어. 그런데도 뼈가 없는 것 같아!

뱀은 뼈가 너무 많아!

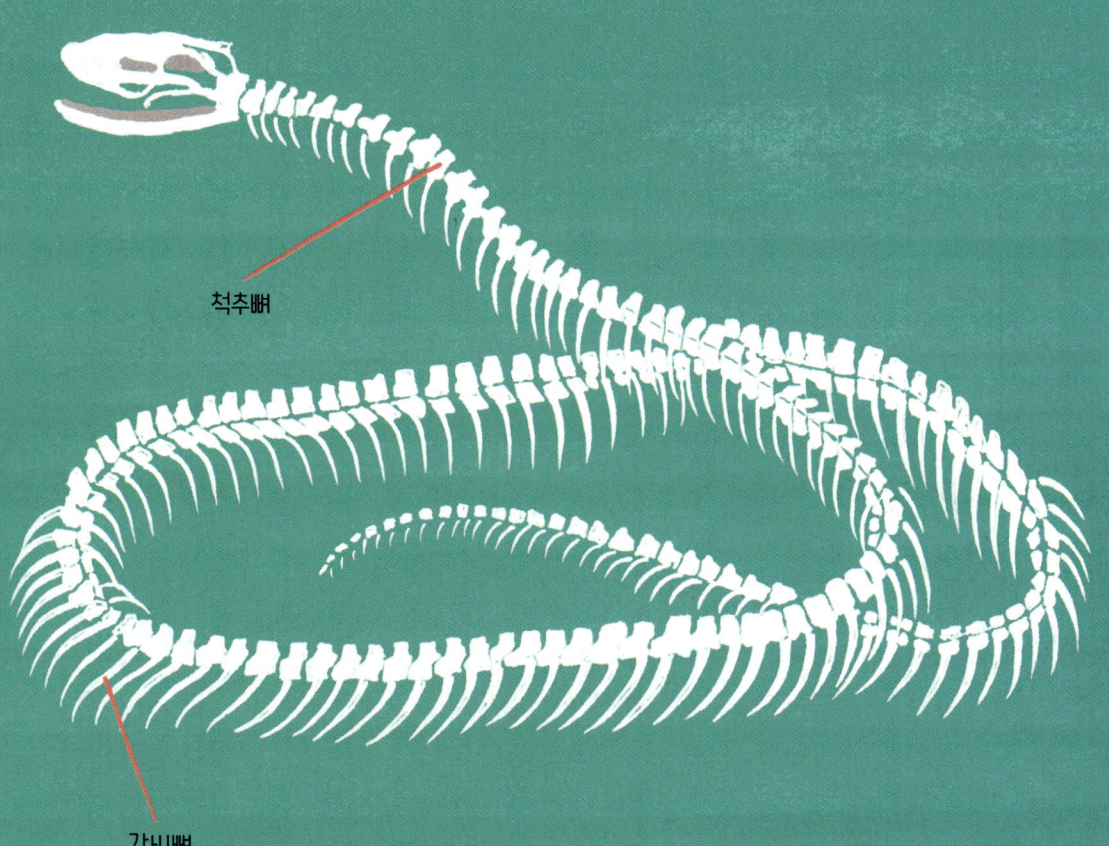

사람의 척추뼈는 33개야. 살모사의 척추뼈는 140개쯤, 구렁이는 200개쯤, 가장 커다란 뱀은 400개나 돼!

뱀은 이렇게 많은 척추뼈를 하나하나 유연하게 휠 수 있고 기다란 몸통을 구부렸다 폈다 하면서 강력한 근육으로 먹잇감을 감고 조일 수 있어.

그림을 봐. 척추뼈마다 달린 갈비뼈가 보여? 척추뼈에서 생선 가시처럼 뻗어 나온 수많은 뼈들이 모두 갈비뼈야.

뱀은 갈비뼈가 무수히 많지만, 갈비뼈를 붙잡고 있는 가슴뼈가 없어.

덕분에 갈비뼈가 옆으로 넓게 벌어질 수 있어. 자기 머리보다도 훨씬 커다란 먹이가 목구멍을 넘어 배 속으로 들어가도 문제가 없어. 위가 크게 부풀어 올라도 갈비뼈가 넓게 벌어져 몸통을 조이지 않아.

그런데 뱀은 어디서부터 꼬리일까? 설마 몸통이 전부 꼬리라고 생각하는 건 아니겠지?

갈비뼈가 끝나고 항문이 있는 곳부터 꼬리가 시작돼!

도마뱀 중에도 다리가 없는 도마뱀이 있는데 뱀과 비슷하게 생겼어. 눈을 깜박일 수 있으면 도마뱀이고, 깜박이지 못하면 뱀이야.

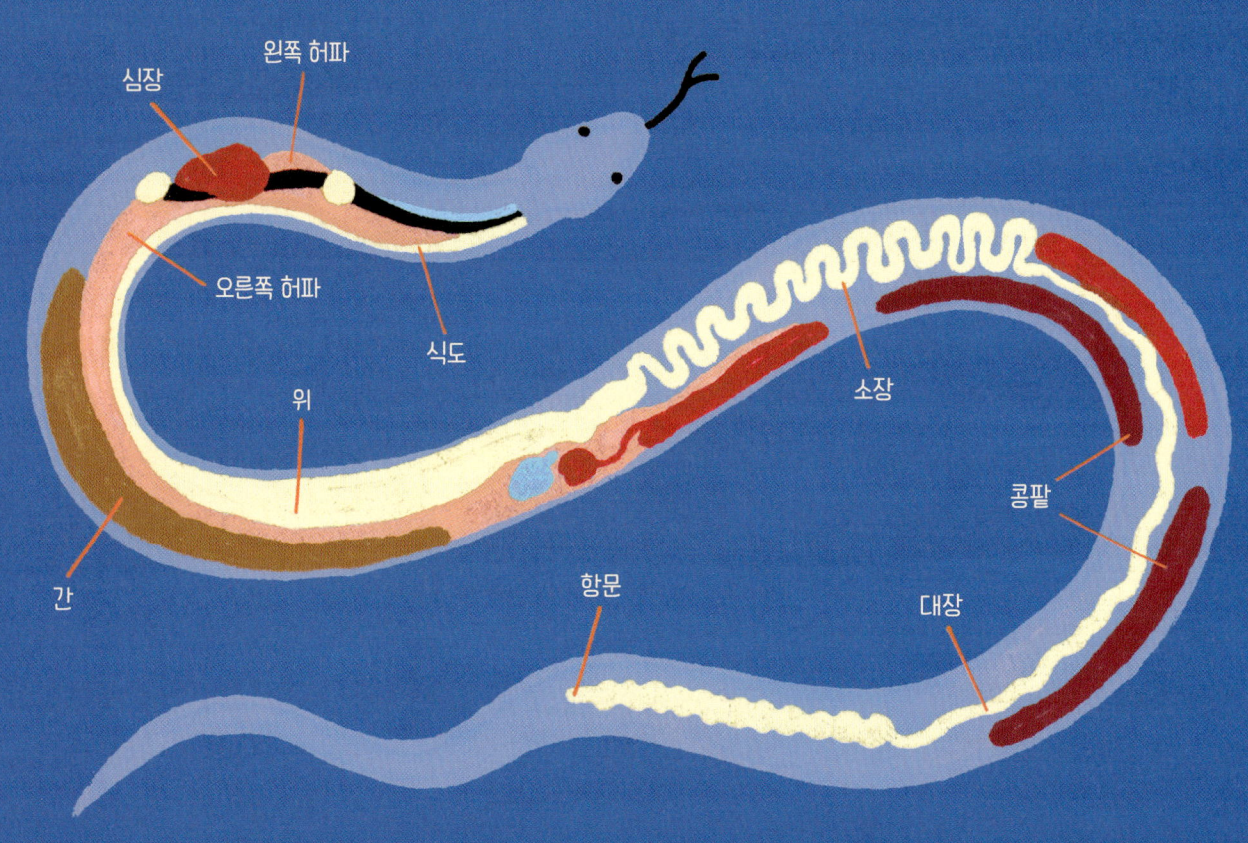

뱀은 몸이 길어서
위도 허파도 간도 콩팥도 길어!

뱀은 식도가 몸길이의 3분의 1이나 돼.
허파도 엄청나게 길어. 동물의 허파는 보통 2개인데, 뱀은 좁은
몸통에 허파 2개가 나란히 들어갈 수 없어서 왼쪽 허파가 아주 작거나
없어져 버렸어. 대신 오른쪽 허파가 아주 길어. 비단뱀은 허파가 자기
몸길이의 반이나 돼. 너에게 그런 허파가 있다고 상상해 봐. 하하,
허파가 엉덩이까지 내려와!
뱀은 이렇게 기다란 몸통을 S자로 구불거리며 앞으로 나아가. 몸통이
굵은 뱀들은 직선으로 기어가기도 하는데, 배 비늘을 거칠거칠한
땅에 대고 몸통을 조금씩 잡아당겨. 느릿느릿 나아갈 때 쓰는
방법이야.

**뱀은 뒤로는 못 가.
뒤로 가야 할 때는 머리를 돌려
방향을 바꿔.**

하지만 몸을 돌릴 수 없는 비좁은 굴에 들어갔을 때는 굴 벽 사방에
몸을 문대며 뒤로 나오기도 해.
뱀은 얼마나 빨리 갈 수 있을까?
가장 빠른 뱀은 아프리카에 사는 블랙맘바인데, 최대 시속이
11킬로미터야. 보통 뱀들은 생각보다 느려.

뱀이 똬리를 틀고 쉬고 있어!

똬리는 소화를 시키거나 쉴 때 뱀들이 편하게 취하는 자세야.
위험을 느낄 때도 똬리를 틀어.

**위험을 느끼면 뱀은 도망가거나 숨지만,
급할 때는 똬리를 틀고 주위를 살피며
도망칠 기회를 노려.**

까마득한 옛날에는 뱀도 다리가 있었을지 몰라.
학자들은 뱀의 조상이 생김새가 도마뱀과 비슷하고, 땅속에 굴을
파고 살았던 작은 동물이었을 거라 추측해. 비단뱀과 보아는 몸속에
다리뼈의 흔적이 남아 있고, 항문 양쪽에도 발톱처럼 조그만
흔적다리가 남아 있어.
아마도 땅속에서 살면 다리가 걸리적거렸을 거야. 매끄러운 몸뚱이로
지렁이처럼 기어 다니는 돌연변이 뱀들이 더 잘 살아남았을 거야.
하지만 뱀의 선조들은 1억 3천만 년쯤 전에 우리가 알지 못하는 어떤
이유로 다시 땅 위로 나와야 했어.
땅 위로 올라온 뱀은 종류도 많아지고 몸길이가 점점 길어졌어.
기다란 몸통으로 먹이를 휘감고 질식시켜 죽이는 무지막지한
사냥꾼이 되었어. 하지만 지금도 여전히 땅속에 굴을 파고 사는
뱀들이 있어. 장님뱀 무리는 지렁이처럼 작고, 흰개미를 먹고 살아.
우리나라에는 구렁이, 누룩뱀, 무자치, 유혈목이, 대륙유혈목이,
능구렁이, 실뱀, 쇠살모사, 살모사, 까치살모사들이 살고 있어.
울릉도와 독도에는 뱀이 없어.

마법의 파피루스_부분
기원전 664~525년 이집트, 브루클린 박물관

파충류는
비늘이 있어

무슨 그림일까? 너무 오래되어서 구멍이 나 있고 너덜너덜해서
찢어질 것 같아.
이건 무려 2600년쯤 전 고대 이집트 시대의 그림이야. 나일강 가에
자라는 파피루스 갈대를 다듬어 두루마리를 만들고, 파피루스로 만든
펜에 잉크를 찍어 그림과 글자를 그려 넣었어. 두루마리의 길이는
2미터가 넘는데 이건 그중에 일부분이야.
가운데 날개 달린 통통한 괴물이 있어. 그 옆에는 뱀의 형상을 한
키가 크고 날씬한 괴물이 있고. 아차, 괴물이라 말하면 안 돼. 고대
이집트 사람들이 알면 화를 낼 거야. 괴물이 아니라 이집트의 위대한
신들이니까 말이야.
오른쪽에는 글자가 씌어 있어. 조심해. 이건 마법의 주문이야!

함부로 읊조리거나 한 글자도 틀리게 말하면 안 돼. 잘못하면 주문이 효력을 잃고 오히려 저주를 받을지 몰라. 이건 깜깜한 어둠과 악몽에서 엄마와 아이들을 지켜 주고, 독사와 전갈이 해치지 못하게 비는 오래오래된 주문이야.

두루마리 왼쪽에는 베스 신이 있어. 작은 키에 날개와 꼬리가 달린 모습의 신이야. 베스 신은 머리가 9개 달려 있다고 전해지는데, 그림에는 새 2마리와 손을 든 조그만 여자의 상반신이 베스 신의 사자 같은 머리 위로 차곡차곡 쌓여 있어. 무섭고 기이하게 생겼지만 마음씨만큼은 친절한 신이야. 엄마와 아이들, 아이를 밴 여자들의 수호신이야.

베스 신을 둘러싼 붉은 선들은 불길을 그린 거야. 아이들을 해치려고 접근하는 사악한 세력을 파괴하는 힘을 나타내.

오른쪽에 있는 건 아툼 신이야.

아툼은 이집트의 창조신으로 뱀의 모습으로 혼돈의 바닷속에서 태어났다고 전해져. 뱀의 몸통에 기다란 팔과 기다란 다리가 있고, 둥그런 태양을 들고 있어.

고대 이집트 사람들은 뱀을 경이롭게 생각했어. 머리를 치켜든 뱀은 신성한 동물이고 왕의 지혜와 힘을 나타내.

그런데 이집트에서는 혼돈과 어둠을 상징하는 악의 신도 뱀의 모습을 하고 있어.

아펩 신은 거대한 독사인데, 이집트 최고의 신 라(Ra)에게 대적할 수 있는 유일한 신이야. 전염병을 일으키고, 밤마다 지옥에서 죄인들을 삼키고, 결코 파괴되지 않으며, 패배하더라도 다음날 아침이면 다시 부활하는 끈질긴 신이야.

옛날이야기 속에서 뱀은 지혜로운 동물이기도 하고 사악하고 간교한 동물이기도 해. 뱀을 좋아해요? 싫어해요? 아무나 잡고 물어보아도 뱀을 좋아하는 얼마 안 되는 사람과 싫어하는 대부분의 사람, 둘로 나눌 수 있을걸. 파충류 박사님과 얼마 안 되는 애호가와 호기심 많은 아이를 빼고는 뱀을 좋아하는 사람들은 별로 없을 거야.

뱀은 파충류야.

파충류는 징그러워.
아니 잘 알게 되면 안 징그러워!

파충류는 기어 다니는 짐승이라는 뜻인데 뱀에 딱 들어맞는 이름이야. 하지만 정말은 가장 적절한 이름은 아닐지 몰라. 파충류가 어떤 동물인지 알려면 기어 다니는 짐승이라는 말로는 너무 부족해! 파충류가 어떤 동물인지 알려면 양서류와 비교해 보면 돼.

파충류는 비늘이 있어

양서류는 최초로 육지 위를 걸어 다닌 척추동물이야. 하지만 양서류는 물을 떠나서는 살 수 없어. 물속에 알을 낳고, 올챙이 시절에는 물속에서 살고, 피부가 늘 축축하고, 몸속의 수분이 피부를 통해 훨훨 날아가 버리기 때문에 항상 습한 곳에서 살아야 해. 건조한 지역에 사는 양서류도 몇몇 있지만 그래도 비가 내리지 않으면 살 수 없어. 만약에 양서류가 물이 없는 곳에서도 잘 살아가려면 뭔가가 반드시 더 필요해.

물이 없는 곳에서도 살아가려면 방수 피부가 필요해!

양서류가 땅 위를 걸어 다니며 번성하던 먼먼 옛날, 양서류 무리 가운데 놀라운 동물이 탄생했어. 온몸이 비늘로 덮여 있어서 물을 멀리 떠나서도 살 수 있는 동물, 바로바로 파충류야!
파충류의 몸은 빽빽한 비늘로 덮여 있어서 몸속의 수분이 날아가지 않아. 놀라운 방수 피부 덕분에 파충류는 태양이 이글거리는 사막에서도 번성할 수 있어. 그런 곳에 개구리나 도롱뇽이 있다면 몇 분 만에 쪼글쪼글 말라서 죽어 버리겠지만 파충류는 끄떡없어.

파충류는 비늘이 있어서 물에서 멀리 떨어진 땅에서 알을 낳을 수 있게 되었어. 양서류의 알은 물렁물렁하고 껍데기가 없어서 땅 위에서는 금방 쪼글쪼글 말라 버려. 그래서 물속에 알을 낳아. 하지만 파충류의 알은 방수가 되는 껍데기에 잘 싸여 있어서 메마른 땅 위에 놓여 있어도 끄떡없어.

> 파충류는 방수 피부와 방수 알로 무장하고 육지 곳곳으로 퍼져 나갔어. 파충류가 탄생하고 공룡이 멸종하기 전까지 2억 년 동안을 **파충류의 시대**라고 불러.

알이 단단한 껍데기로 싸인 덕분에 파충류는 처음으로 체내 수정을 하는 동물이 되었어. 개구리나 물고기는 암컷이 알을 낳으면 그 위에 수컷이 정자를 뿌려. 하지만 파충류는 그럴 수 없어. 정자가 단단한 알껍데기를 뚫고 들어가지 못해. 알에 껍데기가 생기기 전에 먼저 수정이 되어야 해. 그래서 파충류 수컷은 암컷의 몸속에 직접 정자를 뿌릴 수 있도록 돌출된 생식기를 갖게 되었어. 물고기와 양서류는 체외 수정을 하지만 파충류는 체내 수정을 해!

퐁텐블로에서의 루이 13세의 탄생
피터 파울 루벤스, 1600~1625년, 루브르 박물관
ⓒ Bridgeman Images-GNC media, Seoul, 2022

뱀은
죽을 때까지
허물을 벗어

이 그림의 주인공은 황후와 아기야.
프랑스의 황후 마리 드 메디치가 고개를 비스듬히 돌리고 화려한
의자에 앉아 있어. 조금 지쳐 보이는 건 얼마 전에 아기를 낳았기
때문이야. 루이 13세, 장차 프랑스의 왕이 될 아기야. 황후의 시선을
따라가면 조그만 갓난아기가 보여. 한 남자가 아기를 안고 있어.
남편이냐고? 아니, 남편이라면 프랑스의 왕인데 이렇게 거의
벌거벗은 채로 그렸을 리 없지.
이 남자는 화가의 상상 속 인물이야. 황후를 둘러싸고 있는 여자들도
화가의 상상 속 인물이야. 어느 날 황후 마리 드 메디치는 당대의
유명한 화가 피터 파울 루벤스에게 자신과 남편 앙리 4세의 삶을
담은 그림을 왕창 주문해.

새로 지은 뤽상부르 궁전의 긴 화랑을 유명한 화가의 그림으로
장식해서 궁전을 드나드는 모든 신하에게 황후의 위엄과 힘을
과시하려고 말이야.

피터 파울 루벤스는 고대의 신화를 공부하고 모든 지식을 쏟아부어
황후의 삶을 그리스 신화의 한 장면처럼 멋지고 우아하게 그려냈어.
루벤스의 그림은 힘이 있고 화려하고 섬세하고 웅장해.

루벤스의 그림은 왕실과 귀족, 교회의 사랑을 받았어. 그림 주문이
밀려들고, 루벤스의 제자가 되려는 문하생이 줄을 섰어. 유럽 곳곳에
루벤스의 그림 공장이 있었고, 죽을 때까지 200여 점이 넘는 그림을
남겼어.

루벤스는 대화가였을 뿐 아니라 원만하고 따뜻한 인품으로 유럽의
여러 나라 왕에게 존경과 사랑을 받은 행복한 화가이기도 해.

다시 그림을 봐.

황후 옆에 아기를 안고 있는 남자는 아기가 건강하게 자랄 것을
상징하고, 그 옆에서 아기를 들여다보고 있는 여자는 아기가 장차
정의로운 왕이 될 것을 상징해. 황후 뒤에서 기다란 봉을 들고 왕관을
쓴 여자는 신들의 어머니인 레아이고, 꽃다발을 내밀며 축복하는
노란 옷을 입은 여자는 풍요와 다산을 뜻해.

그런데 앗, 아기를 안고 있는 남자의 팔에 뱀이 있어!
왜 아기 옆에 위험한 뱀이 있을까?

뱀은 1년에 몇 번이고 허물을 벗어. 허물을 벗으며 새로워지는 뱀을
보고 사람들은 뱀이 다시, 또다시 살아나는 놀라운 동물이라고
생각했어.

뱀이 허물을 벗는 건
몸은 계속 자라는데 몸을 덮고 있는
비늘은 자라지 않기 때문이야.
그래서 허물을 벗으며 계속
비늘을 바꿔.

뱀의 비늘은 두 겹으로 되어 있는데, 안쪽 층의 세포가 죽으면
바깥으로 밀려나 바깥 세포층이 돼. 뱀이 자라면서 이 바깥층이
허물로 벗어지는 거야.
새끼 때는 몸이 더 빨리 자라기 때문에 수시로 허물을 벗고, 나이가
들수록 허물을 벗는 횟수가 줄어들어.
뱀의 비늘은 아주아주 복잡하게 포개져 있기 때문에 우리 눈에는
낱낱의 수많은 비늘이 몸통을 덮고 있는 것처럼 보여. 하지만 뱀의
비늘은 물고기의 비늘과 달라서 따로따로 떨어져 있지 않고 전체가
한 장이야. 그래서 허물을 벗을 때 꼬리부터 머리까지 한 장으로 한
번에 주욱 벗겨져. 우리가 양말을 벗을 때처럼 말이야.

파충류는 뱀, 도마뱀, 거북, 악어 무리가 있고 대부분 허물을 벗어.
건강한 뱀의 허물은 찢어지거나 구멍이 난 데가 없이 하나로 이어져
있어. 하지만 도마뱀, 거북, 악어의 허물은 이어져 있지 않고 조각으로
떨어져.

만약에
허물을 벗지 못하게 되면
어떻게 될까?

안 돼! 몸이 더 이상 자랄 수 없어. 몸만 자랄 수 없는 게 아니야.
호흡하고 먹고 움직이며 살아가는 데 문제가 생겨 일찍 죽고 말아.
온도가 너무 낮을 때는 탈피가 제대로 일어나지 않는 불행한 일이
생기기도 해.
보통 뱀이 허물을 벗을 때가 되면 안쪽에 새로운 껍질이 만들어져.
탈피하기 10일쯤 전부터는 피부의 바깥층과 안쪽 층 사이에 기름
같은 물질을 분비해서 허물이 잘 떨어질 수 있도록 준비를 해.
차츰차츰 몸 빛깔이 탁해지고 눈도 뿌옇게 보여. 며칠이 지나면 몸
빛깔과 눈이 정상으로 돌아오는데, 이제 탈피를 시작할 때야. 바위나
나뭇가지에 머리를 문지르거나 입을 크게 벌려 하품을 하기도 하고,
입 주위를 자꾸 움직이는 뱀을 본다면 지금 허물을 벗으려는 거야.

몸집이 커다란 파충류는
허물을 벗으며 일생 동안 자라.

아나콘다는
가장 무거운 뱀이야!

거대한 아나콘다가 눈앞에 나타난다면 까무러칠걸.
가장 커다란 아나콘다는 길이가 10미터 가까이 되고 몸무게가
200킬로그램이야.

아나콘다를 위해 침대를 만든다면 커다란 침대 5개를 세로로 이어 붙여야 해!

아나콘다는 가장 무겁고 힘이 제일 센 뱀이야.
굵고 기다란 몸통으로 사냥감을 조일 때 그 힘이 얼마나
무시무시한지, 악어도 칭칭 감아 질식시킬 수 있어. 누워 있는 사람
위에 대형 버스를 올려놓은 것과 같은 세기의 충격이 전해져.
멧돼지나 사슴도 갈비뼈가 으스러질 정도야.
커다란 아나콘다를 잡아먹을 수 있는 동물은 재규어 정도지만
아나콘다의 가장 큰 천적은 바로 사람이야. 가죽을 수집하고
애완용으로 기르기 위해 아나콘다를 사냥하고 있어.

뱀을 부리는 주술사
앙리 루소, 1907년, 오르세 미술관

뱀은 귀가 있을까?

이 그림은 멀리서 보면 더 실감이 나.

책을 세워 놓고 한 발 두 발…… 뒤로 물러나.

하얀 달이 저 멀리 보일 거야. 무성한 잎을 달고 있는 나무는 더 신비롭게 보이고 산세베리아를 닮은 키 큰 풀은 마치 조명을 받고 있는 것 같아.

그런데 가운데 거무스름한 건 뭐지?

다시 한 발 한 발 가까이 오면 앗, 피리를 불며 뱀을 부르는 여자가 있잖아. 긴 머리에 옷도 안 입고. 그런데 눈만 반짝 빛나고 있어!

자세히 보면 숲도 나무도 강도 하늘도 사람도 온통 초록색이야.

희끄무레한 초록색, 검은 초록색, 밝은 초록색, 깊은 초록색, 어두운 초록색, 노란 초록색…… 그리고 진홍저어새 1마리!

이 그림을 그린 사람은 앙리 루소야. 루소는 한번도 미술 학교에 다닌 적이 없지만 세관의 요금 징수원으로 일하면서 틈틈이 그림을 그렸어. 평일에는 직장에 다니고 일요일에나 그림을 그린다고 미술계에서는 루소를 '일요 화가'라고 낮추어 불렀어. 루소는 자신이 유망한 전문 화가라고 생각했지만, 비평가들은 그렇게 생각하지 않았어. 그래도 우직하게 그림을 그렸는데, 독특한 그림 풍이 차츰차츰 미술계의 인정을 받게 되었어.

루소는 한번도 프랑스를 떠난 적이 없고 더더구나 열대 지방은 근처에도 가 본 적이 없었지만, 이국적인 열대의 자연 풍경을 많이 그렸어. 스케치북을 들고 식물원과 동물원, 자연사 박물관에 가서 몇 시간이고 그림을 그리곤 했어. 이 그림 속의 이국적인 나무와 풀, 진홍저어새와 뱀도 그렇게 탄생한 거야.

그림을 봐. 피리 소리가 숲에 주문을 걸고 있어!

고요한 숲에 피리 소리가 고요하게 울려 퍼지고 달과 강물, 나무, 뱀과 진홍저어새도 피리 소리에 홀린 듯해. 나뭇잎 하나 흔들리지 않고 강물도 멈추어 있는데, 뱀들만 조용히 나와 춤을 추고 있어. 구불구불 흔들흔들. 피리 소리에 마음이 흔들리는 것처럼.

그림 속의 뱀들은 아마도 비단뱀 같아. 비늘도 안 보이고 검은 형체만 알아볼 수 있지만, 구불구불 기다란 몸통과 머리의 크기를 보면 짐작할 수 있어.

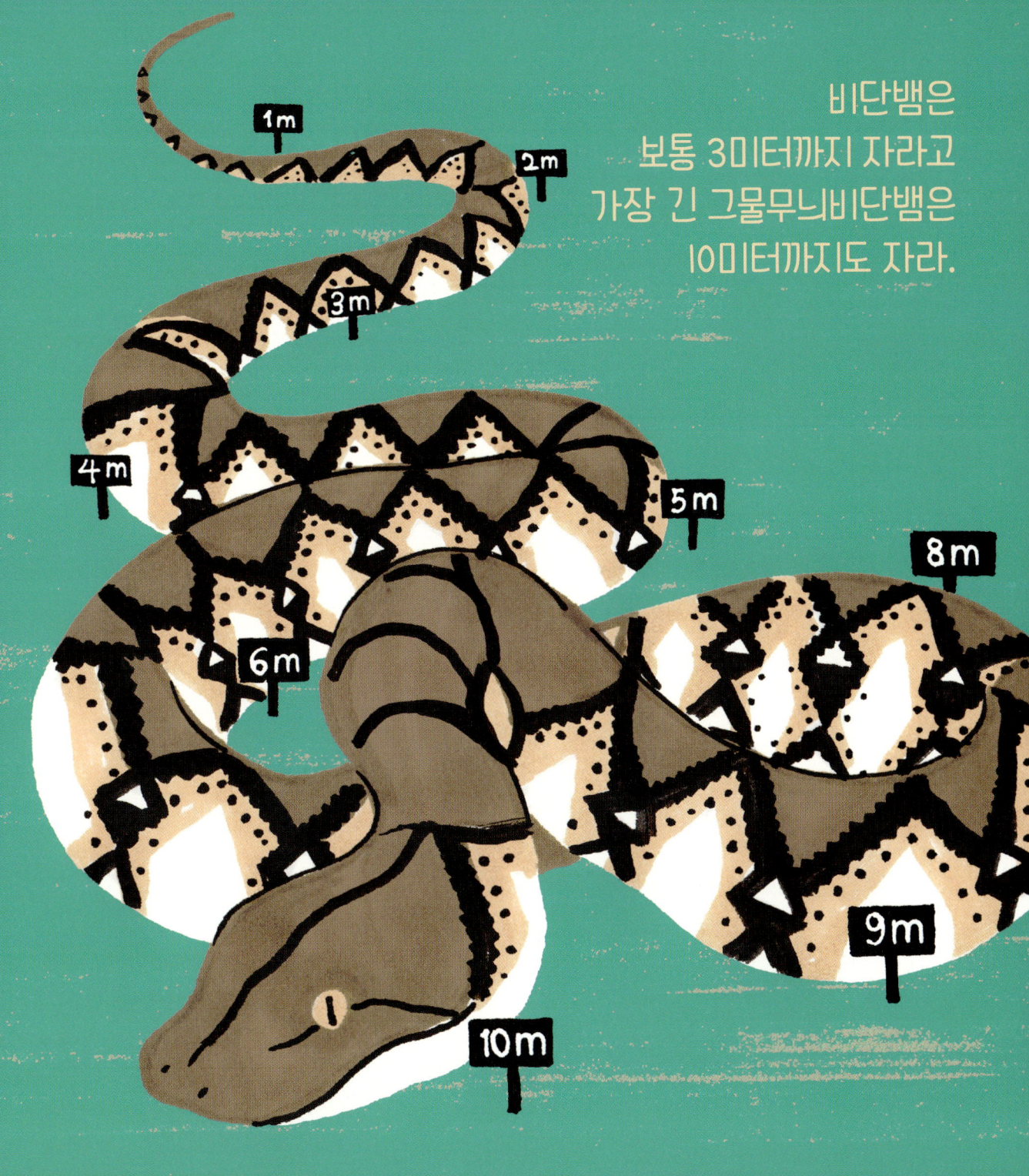

비단뱀은 보통 3미터까지 자라고 가장 긴 그물무늬비단뱀은 10미터까지도 자라.

비단뱀은 보아 무리와 함께 가장 큰 뱀 무리에 속해.
그물무늬비단뱀은 어찌나 큰지 사람이나 원숭이를 삼켰다는 보도도
심심찮게 있을 정도야. 하지만 비단뱀 중에는 느릿느릿 움직이고
소심하고 순한 뱀들도 많아. 먹이를 보면 흥분해서 꼬리를 떨며 입을
벌리고 전진하지만 독은 없어.

비단뱀은 비늘이 비단처럼 아름답다고 비단뱀이야. 하지만 아름다운
가죽 때문에 수난을 당하고 있어. 비단뱀 가죽으로 명품 백을 만들기
때문이야. 해마다 44만 마리 정도의 비단뱀이 끔찍하게 죽어 가는데,
대부분 야생에서 포획한 뱀들이야. 살아 있는 뱀은 무섭지만, 자기
몸에 걸치는 뱀 가죽은 멋있다고 생각하나 봐. 그래서 비단뱀은
대부분 국제적 멸종위기종이야.

뱀은 보통 알을 낳고 뒤도 돌아보지 않고 떠나. 하지만 비단뱀 무리는 똬리를 틀고 알을 품어!

비단뱀은 알을 잘 돌보는 뱀이야! 물을 마시거나 똥을 누려고 잠깐
알을 떠나는 것 빼고는 알이 부화할 때까지 아무것도 먹지 않고 두세
달을 알과 함께 보내. 조금이라도 온도가 낮아지면 몸을 떨어 체온을
올려서 알을 따뜻하게 보호해.

그런데 뱀이 피리 소리를 듣고 춤을 춘다는 이야기는 정말일까?
루소의 그림 제목은 〈뱀을 부리는 주술사〉인데, 검은 머리 여자가
피리를 부는 소리에 정말 비단뱀이 춤을 추었을까? 그림을 그린
루소는 그렇게 상상했을 거야.
하지만 뱀은 소리를 들을 수 없어.

**뱀은 귓바퀴와 귓구멍, 고막이 없어.
공기 중으로 전달되는 소리를
거의 듣지 못해!**

하지만 코브라가 피리 소리를 듣고 춤을 춘다는 이야기는 많이
들어보았어. 어떻게 된 거야?
코브라는 다른 뱀보다 시력이 아주 좋아. 조련사가 몸을 흔들고
피리를 이리저리 움직이는 게 잘 보여서 공격할 순간을 잡지 못하고
자기 몸을 흔드는 거야.
그렇지만 뱀이 설마 아무 소리도 못 들을라고!
뱀은 땅이 울리는 진동 소리를 느껴!
뱀은 속귀가 남아 있어서 땅으로 전해지는 진동을 감지할 수 있어.
뱀은 아주 약한 진동도 느낄 수 있고, 멀리서 약한 지진이 발생해도
금방 눈치챌 수 있어.

코브라는 피리 소리가 안 들려.
그런데도 흔들흔들 춤을 춰!

뱀이 기다란 혀를 날름거리는 걸 본 적 있어?

커다란 뱀이 혓바닥을 날름거리는 모습을 정면에서 본다면 등골이 오싹할걸.

하지만 뱀의 혀는 냄새를 더 잘 맡기 위한 감각 도구일 뿐이야.

뱀이 혀를 날름날름거리는 건 공기 중에 떠다니는 냄새 입자를 혀끝에 묻히기 위해서야.

뱀은 모두 혀끝이 갈라져 있는데, 한쪽 혀끝에 다른 쪽 혀끝보다 냄새 입자가 조금 더 많이 묻으면 그걸로 냄새가 어디서 나는지 얼마나 멀리서 나는지 파악해. 그런 다음 입 속으로 혀를 넣어. 뱀의 입천장에는 오목한 구멍 같은 게 한 쌍 있어. 그곳이 냄새를 맡는 야콥슨 기관이야. 1831년에 루드비히 야콥슨 씨가 발견했어. 뱀은 콧구멍으로도 냄새를 맡고 혀와 야콥슨 기관으로도 냄새를 맡아. 주위 상황을 탐색할 때는 길게 혀를 내밀고 느리게 날름거려. 위험이 느껴지면 빠르게 혀를 날름거려.

라오콘 군상
기원전 150년경, 바티칸 미술관

바다에도 뱀이 살아

벌거벗은 남자와 소년들이 미친 듯이 뱀을 떼어 내려 애쓰고 있어!
무슨 일이지? 왜 뱀이 사람을 휘감아 죽이려는 거야?
남자는 누구일까? 큰 죄라도 지은 걸까? 뱀은 어디에서 나타난 거지?
이 남자는 트로이의 제사장 라오콘이야. 지금 포세이돈 신의
노여움을 받아 벌을 받고 있는 거야. 포세이돈 신이 커다란 뱀을
보내어 라오콘 부자를 죽이려 해. 끔찍한 뱀에게서 벗어나려 온 힘을
쓰느라 근육이 다 튀어나왔어. 도끼에 맞은 황소처럼 라오콘의
비명이 공포스럽게 하늘을 울려!
하지만 불쌍한 라오콘은 나라를 지키려 한 죄밖에 없어. 오랜
원수였던 그리스의 적군이 보낸 트로이 목마를 받지 말라고 백성에게
경고를 했을 뿐이야.

바다에도 뱀이 살아

이 이야기는 그리스 신화에 나오는 이야기야. 고대 그리스에서
라오콘의 동상을 청동으로 만들었는데, 청동 조각상은 사라지고 훗날
로마 시대에 대리석으로 복제되었어. 로마의 귀족들 사이에 자신들이
정복한 그리스 지역의 훌륭한 조각이나 그림을 복제해 저택을
장식하는 것이 유행했기 때문이야.
로마인은 라오콘의 애국심과 강한 의지에 감동을 받았고, 라오콘을
진정한 영웅이라 생각했어.
하지만 영웅 라오콘도 포세이돈 신이 보낸 뱀을 당해 내지 못해.
라오콘과 두 아들을 휘감은 뱀은 바다의 신 포세이돈이 부리는
바다뱀이야.

그런데 정말 바다에도 뱀이 살고 있을까?

뱀은 아가미도 없고 지느러미도 없어.
그런데도 깊고 넓은 바닷속에서 숨을 쉬고, 헤엄을 치고, 짝짓기를
하고, 잠을 자고, 사냥도 해.
나무 위, 늪지대, 풀밭, 정글, 땅속, 사막, 바다까지 모두 뱀의 영토야!
그림을 봐. 하늘을 나는 뱀도 있어!

뱀이 날고, 뱀이 헤엄도 치고!

뱀은 발도, 날개도, 지느러미도 없이 기다란 몸통만으로 별걸 다해. 바다뱀은 기다란 몸통을 흔들며 S자로 헤엄을 쳐. 꼬리가 세로로 납작해서 꼬리를 노처럼 저어. 바다뱀은 허파가 엄청 길어서 수면 위로 올라와 기다란 허파 속에 공기를 가득 담아 바닷속으로 들어가. 하지만 그것만으로는 바닷속에 그렇게 오래 있을 수 없어. 바다뱀은 피부로도 숨을 쉬어! 바다뱀은 육지 뱀보다 비늘이 훨씬 얇고 부드러워서 피부 호흡이 가능해.

전 세계 파충류 중에 100종 정도가 바다에 살고 있어. 그중에 7종은 바다거북, 1종은 바다이구아나, 1종은 바다악어이고 나머지가 모두 바다뱀이야.

바다뱀은 따뜻한 바다에서 살아. 수온이 11도 아래로 내려가면 죽어!

우리나라에도 바다뱀이 살까? 그런 이야기가 떠돌았지만 표본도 없고 소문을 확인할 수도 없었어. 하지만 최근에 넓은띠큰바다뱀과 좁은띠큰바다뱀이 제주도 바다에 살고 있는 것이 확인되었어. 지구가 더워져 바닷물의 온도가 올라갔다는 증거이기도 해.

바다에도 뱀이 살아

바다뱀은 바다에 살지만 바닷물을 마실 수 없어. 바다뱀의 혀 밑에
염분을 배출하는 분비샘이 있지만 크게 쓸모가 없어. 바다뱀은
빗물을 마셔!
바다뱀은 바다에 큰비가 내리기를 기다려. 큰비가 내리면 바다뱀이
수면 위로 부지런히 올라가. 최대한 빗물을 마셔 두려는 거야.
그래서 비가 오지 않는 건조한 시기에는 오랫동안 탈수 상태에
시달려야 해. 비가 오지 않을 때는 몸속의 수분이 점점 줄어들고
몸무게도 줄어들어.

바다뱀은 크게 두 종류가 있는데 한 무리는 육지에 올라와 알을 낳아. 또 한 무리는 평생을 바다에서 살며 물속에서 새끼를 낳아!

파충류의 알은 질긴 껍데기로 싸여 있어서 물속에서는 숨을 쉬지
못하고 질식해 죽어. 그래서 큰바다뱀 무리는 알을 낳을 때가 되면
육지로 올라가. 평생 동안 바다에서만 사는 바다뱀 무리는 알이
아니라 새끼를 낳아.

전 세계에 2,900종의 뱀이 있는데 그중에 5분의 1이 새끼를 낳아!

그럼 새끼를 낳는 뱀은 혹시 포유동물인 걸까?
혹시라도 그렇게 생각한다면 뱀이 무식하다고 코웃음 치겠어.
새끼를 낳는 뱀은 바깥에 낳아야 할 알을 몸속에 품고 있을 뿐이야.
뱀의 태아는 알 속에 잘 갖춰져 있는 영양분을 먹고 자라. 포유동물의 태아는 탯줄로 어미의 몸과 이어져 있고, 자라는 동안 어미에게서 직접 영양분을 공급받아.
육지에서 새끼를 낳는 뱀은 살모사, 무자치, 방울뱀, 아나콘다, 보아 종류가 있어.
살모사는 살무사라고도 부르는데, 옛날에 사람들은 새끼가 어미를 잡아먹거나 죽인다고 이름을 살모사라고 지었어. 새끼가 어미 몸을 파먹고 나오는 듯 보이기 때문이야. 하지만 그건 틀렸어. 어미 살모사는 새끼를 낳느라 온 힘을 다 써 버리고 축 늘어져 있는데, 그걸 보고 사람들이 오해를 하고 살모사라는 무시무시한 이름을 붙여 준 거야.
학자들도 왜 어떤 뱀은 알을 낳고, 어떤 뱀은 새끼를 낳는지 다 알아내지 못했어. 하지만 추운 곳에 사는 뱀 중에는 새끼를 낳는 뱀이 많아. 온도가 낮으면 알이 부화하기 힘들기 때문일 거야.

자화상

폴 고갱, 1889년,
워싱턴 국립 미술관

뱀은 열을 '볼' 수 있어

누구일까?

잘 생기지는 않았어. 친절하게 보이지도 않아.

죽은 사람도 아닌데 머리 위에 동그란 후광이 있어.

이상하게 슬퍼 보이는 초록색 눈, 초록 수염, 각진 매부리코, 치켜 올라간 예민한 눈썹…… 거만한 마법사 같기도 하고, 심술궂고 무심하고 고독한 왕 같기도 해.

이 사람은 화가 폴 고갱이야. 고갱이 하숙집 식당의 널빤지에 그린 자기의 얼굴이야. 납작하고 편평한 느낌의 그림인데, 얼굴만 진짜 살아 있는 것처럼 보여서 혹시 널빤지에 구멍을 파고 얼굴을 내밀고 있는 건 아닐까 착각이 들어. 그런데 아무리 보아도 수수께끼 같은 자화상이야.

사과와 뱀과 후광과 꽃이 있고, 마법사 같은 얼굴이라니!
노란 옷은 풍선처럼 부풀어 있고, 손가락 사이에는 혓바닥을 내민 뱀이 있어. 마구 휘어진 줄기 끝에는 네모난 꽃이 달려 있는데 꽃이 아니라 네모난 메모지같이 보여.
초록색 열매는 또 뭐지? 하나는 멀쩡한데 하나는 썩은 열매야. 어쩐지 선악과 생각이 나.
혹시 고갱은 스스로가 죄인이라고 생각했을까?
수수께끼 자화상이 마치 우리에게 고갱의 마음을 알아맞혀 보라고 이야기하는 것 같아.
머리 위에 있는 동그란 후광은 죽은 사람이나 천사, 순교한 성인의 머리 위에 그리는 거야.
혹시 고갱은 스스로가 순교하는 성인이라고 생각했을까?
어쩌면 고갱의 마음속에는 수수께끼 마법사가 들어 있는지도 몰라. 고갱의 손가락 사이에 있는 뱀이 예언과 마법의 상징이기도 하거든.
그런데 고갱은 알았을까? 뱀에게 정말로 특별한 능력이 있다는 걸 말이야.
앞날을 예언하지는 못하지만 뱀은 사람이나 사자, 원숭이, 토끼가 보지 못하는 것을 볼 수 있어.
뱀은 열을 볼 수 있어!
깜깜한 밤에도 뱀은 볼 수 있어!

앗, 저 앞에 생쥐가 있어.
하지만 깜깜해서 잘 안 보여.

뱀은 열을 '볼' 수 있어

사람은 손이나 피부를 대 보아야 열을 느낄 수 있지만, 뱀은 멀리 떨어져서도 열을 감지할 수 있어. 살아 있는 동물이나 따뜻한 물체는 눈에 보이지 않지만 적외선을 내뿜고 있는데, 적외선은 따뜻한 열을 내는 빛이야. 너의 체온은 36.5도이고 너에게서 적외선이 나오고 있어. 강아지는 사람보다 체온이 더 높고, 강아지한테서는 적외선이 더 많이 나와.

비단뱀과 보아, 방울뱀과 살모사 무리는 사방이 깜깜해도 동물의 몸에서 뿜어져 나오는 적외선을 볼 수 있어. 마치 적외선 고글을 쓴 것처럼 말이야. 불빛 한 점 없이 새까만 밤에도 먹잇감을 찾을 수 있어.

뱀은 주위의 온도가 겨우 0.003도만 변해도 0.003초 만에 알아채!

뱀은 어떻게 열을 볼 수 있을까? 뱀의 머리에는 아주 미세한 열도 알아챌 수 있는 구멍이 있어. 바로 열을 감지하는 구멍이야! 구멍 속에 온도에 민감한 세포가 자리 잡고 있어.

깜깜한 밤에
방울뱀이
사냥을 나서.

방울뱀은 열 감지 구멍으로
먹이를 찾고 독니로
맹독을 주입해.

저 앞에 작은 땅다람쥐가 웅크리고 있어. 땅다람쥐는 방울뱀이 보이지 않지만, 방울뱀은 멀리 떨어져 있어도 체온만으로 먹잇감이 어디에 있는지 느낄 수 있어. 방울뱀이 소리도 내지 않고 부드럽게 미끄러지듯 다가가. 드디어 먹이가 코앞이야. 순식간에 머리를 뻗어 뾰족한 송곳니로 치명적인 맹독을 주입해!

뱀은 적외선 감지 구멍 덕분에 깜깜한 밤에도 사냥을 할 수 있고, 독을 주입하는 이빨 덕분에 큰 힘을 쓰지 않고도 사냥감을 죽일 수 있어.

우리나라에 사는 독뱀으로는 살모사, 쇠살모사, 까치살모사, 유혈목이가 있어. 유혈목이는 목에 검은 띠와 붉은 띠가 있어. 색깔이 알록달록하다고 옛날부터 꽃뱀이라 불렀어.

살모사 종류들은 입 앞쪽에 독니가 있고, 유혈목이는 입 안쪽에 작은 독니가 있어.

독니는 1년에 여러 번 빠지고 새로 나. 이빨뿌리 끝에서 관으로 연결되어 윗턱 쪽에 독주머니가 있어. 필요할 때 주머니가 눌리면서 독이 주입되는 거야. 코브라의 독니는 짧고 고정되어 있지만, 살모사의 독니는 훨씬 길어서 보통 때는 접어서 입천장에 납작하게 붙여 놓아.

생명의 나무

니키 드 생팔, 1978~1998년, 슈프렝겔 박물관

Photo GNC, Seoul / © bpk | Sprengel Museum Hannover | Michael Herling | Benedikt Werner

파충류는 냉혈동물이 아니야

뭘까? 나무 같은데. 아니, 뱀이잖아.
아하, 뱀 나무야!
초록 머리 뱀과 금박 머리 뱀이 빨간 입을 벌리고, 하얀 얼룩무늬
뱀은 까만 입을 벌리고 있어.
혹시 커다란 장난감일까? 이건 미술관에 있는 높이 40센티미터의
모형이야. 원래의 커다란 조각상을 보고 싶으면 이탈리아의
카팔비오에 있는 타로 공원으로 가야 해.
설치 미술가 니키 드 생팔이 타로 카드에서 영감을 얻어 특별한
공원을 만들었어. 용, 황후, 교황, 피크닉을 즐기는 아담과 이브,
은둔자, 마술사, 악마, 태양, 달, 뱀나무…… 22개의 조각상이 공원
곳곳에서 손님을 기다리고 있어.

파충류는 냉혈동물이 아니야

니키 드 생팔은 재미있고 기괴하고 아이디어 넘치는 조각상을
구상하고 건축가, 도예가, 철공업자, 벽돌공, 타일공, 화가, 모자이크
예술가들과 함께 장장 20년 만에 공원을 완성했어. 타로 공원이
사람들이 와서 행복할 수 있은 곳, 기쁨의 정원이 되기를 바랐어.
자기도 스핑크스처럼 생긴 거대한 황후 조각상 속에 침실과 욕실,
아름다운 거울 주방을 만들고 거기서 오랫동안 살았어.
나뭇가지가 뱀의 머리인 이 조각상의 이름은 〈생명의 나무〉야.
니키 드 생팔의 상상 속에서 뱀은 생명이 넘치고 화려하고 재미있는
동물이야.
뱀들이 초록색, 파란색, 분홍색, 빨간색, 금색, 노란색…… 색색깔의
무늬 옷을 입은 것 같아. 즐겁게 꿈틀대며 입을 헤벌리고 있어.
하지만 〈생명의 나무〉 반쪽의 뱀은 흰색과 검은색의 무늬로만 되어
있어. 니키는 인생이란 언제나 즐겁고 재미있는 것만은 아니라고
말하고 싶었는지 몰라.
그래도 뱀은 여유를 즐길 줄 아는 동물이라고 할 수 있어.

**뱀은 느긋한 동물이야.
햇볕을 쬐며 빈둥빈둥
하루를 보내!**

열대 우림에 사는 **초록나무비단뱀**이야.
거의 하루 종일 나무에 꼬리를 묶고 가만히 있어.

뱀은 사냥을 자주 안 해. 같은 덩치의 포유동물이 먹는 먹이의 10분의 1만 먹고 살아.

보통 뱀은 사흘에 한 번쯤 먹고, 방울뱀은 한 달에 한 번쯤 먹이를 먹어. 커다란 뱀은 심지어 1년을 먹지 않고도 견딜 수 있어.

어떻게 그럴 수 있을까?

파충류는 많이 안 먹어도 돼!

네가 아침 점심 저녁을 먹고 간식도 먹는 건 음식으로 에너지를 만들어 체온을 유지하기 위해서야. 네가 먹은 음식의 80퍼센트가 체온을 유지하는 데 쓰여. 파충류는 햇빛 에너지로 체온을 유지해. 그래서 조금만 먹어도 돼. 포유류라면 굶어 죽기 딱 좋은 사막에서도 파충류가 살아갈 수 있는 이유야.

같은 변온동물이라도 양서류는 피부가 투과성이라 햇빛을 직접 쬐이면 몸속의 수분이 날아가 버려. 그래서 개구리와 도롱뇽은 파충류보다 체온이 낮고 파충류보다 굼떠.

뱀은 사냥을 잘 하지 않지만, 한번 사냥을 할 때는 엄청나게 많이 먹어. 뱀은 자기 머리보다 몇 배 커다란 먹이도 통째로 삼킬 수 있어.

쩌―억

갈색아프리카알뱀이
자기 머리보다 큰 알을 삼키고 있어.
정말 대단한 입이야!

뱀은 아래턱뼈와 위턱뼈가 떨어져 있고, 아래턱도 좌우 뼈가 나뉘어 있어 먹이를 삼킬 때 턱뼈가 서로 떨어져. 잘 늘어나는 인대가 턱뼈를 연결하고 있어서 입을 넓고 크게 벌려도 문제가 없어.

먹이를 삼킬 때는 위턱과 아래턱을 번갈아 움직이면서 먹이를 목 안으로 밀어 넣어. 자기 머리보다 커다란 동물도 몸속으로 들어가. 위가 풍선처럼 늘어나기 때문에 가능한 일이야.

아메리카 원주민은 마을에 돼지가 없어지면 마을 주변에 아나콘다가 없는지 수색해. 아나콘다가 돼지를 먹고 몸이 무거워져 멀리 가지 못하기 때문이야.

그런데 먹이를 통째로 삼키면 뼈가 배 속에 걸리지 않을까? 뼈도 소화가 될까?

돼! 털과 깃털 정도만 남기고 모두 소화가 돼.

소화되지 못한 털과 깃털은 나중에 똥으로 나와.

먹이를 삼키고 난 뱀은 소화를 시키기 위해 햇볕을 쪼여야 해. 파충류는 체온이 낮으면 먹이를 소화할 수 없어. 체온이 낮으면 소화 효소가 분비되지 않고 배 속에서 먹이가 썩어! 그래서 뱀은 날씨가 추우면 먹이를 토해 내기도 해.

체온을 높이기 위해 파충류는 햇볕을 쬐며 하루 종일 빈둥거려.
파충류의 삶은 느긋하기 짝이 없어. 하루 종일 풀을 뜯어 먹는 염소나
매일매일 사냥하러 나서야 하는 굶주린 늑대를 생각해 봐. 포유류에
비하면 파충류는 사냥도 많이 하지 않고, 하루 종일 햇볕을 쬐며
시간을 보내.

> 파충류는 체온이 내려가면
> 햇볕을 쪼이고,
> 체온이 높아지면
> 그늘에서 몸을 식혀.

몸속에서 열을 만들지 않고 햇빛에 의존할 뿐, 파충류는 피가 차가운
냉혈동물이 아니야. 겨울잠을 잘 때를 빼면 뱀의 평균 체온은
25도쯤이고, 갈라파고스 섬에 살고 있는 도마뱀은 햇볕을 쬐며
체온을 늘 37도로 유지해.

바이루마티
폴 고갱, 1897년, 오르세 미술관

도마뱀은 왜 도마뱀일까?

안녕? 바이루마티!
바이루마티는 타히티섬의 마오리족 신화에 나오는 고귀하고
아름답고 용감한 아가씨야. 금빛 의자에 한쪽 팔을 짚고 비스듬히
앉아 있는 이 아가씨가 바이루마티야.
몸집이 건장한 용사 같아. 팔과 다리는 기둥처럼 둥글고 튼튼해 보여.
빛나는 까만 두 눈은 어디를 보고 있는 걸까? 눈빛에는 모든 사람들의
슬픔을 아는 듯한 지혜가 담겨 있고, 단정한 코와 입술은
부드러우면서도 단호하게 보여. 마오리족 신화에는 바이루마티가
신의 아내가 되어 영원한 삶을 살게 된다고 전하고 있어.
〈바이루마티〉는 폴 고갱의 그림이야. 수수께끼 같은 자화상을 그린
바로 그 화가 말이야.

폴 고갱은 처음에 취미로 그림을 그렸어. 화가가 되기 전에 6년 동안 선원으로 배를 타고 떠돌았고, 그다음에는 11년 동안 증권 거래소에서 일했어. 35세가 되었을 때 직장을 때려치우고 전업 화가가 되었어. 하지만 그림이 팔리지 않고 자꾸만 가난해졌어. 고갱은 순수한 자연 속에 파묻혀 원 없이 그림을 그리기를 바라다가 급기야 남태평양의 타히티섬으로 떠나.

고갱은 타히티섬을 사랑했지만, 그곳에서도 여전히 가난했고 빚 독촉에 시달려. 그러다가 병이 들고 사랑하는 딸이 죽었다는 소식이 날아들어. 몸도 마음도 지치고 커다란 슬픔에 빠져 버린 고갱은 죽음과 죽음 뒤의 삶에 대해 깊이 생각하게 돼.

고갱은 그림 속에 죽음과 생명을 함께 그려 놓았어. 영원한 생명을 얻게 된 바이루마티와 하얀 새가 나란히 있어. 하얀 새는 죽은 사람을 저승으로 데려가는 심부름꾼이야. 하얀 새의 발톱에 잡혀 있는 조그만 도마뱀 1마리는 죽음을 상징해.

도마뱀은 대부분 작고, 연약하고, 예민하고, 소심해. 눈에 잘 띄지도 않아. 곤충, 지렁이를 주로 먹고 족제비와 여우, 너구리, 멧돼지, 때까치, 부엉이, 매…… 수많은 포유동물과 새의 먹이가 돼.

도마뱀은 도롱뇽과 생김새가 비슷해. 도마뱀은 파충류이고 도롱뇽은 양서류인데도 겉모습이 비슷하게 생겨서 사람들이 헷갈려. 도마뱀도, 도룡농도 몸통이 길고 꼬리가 길어.

도마뱀은 비늘이 있고 피부가 건조해. 도롱뇽보다 다리가 길고 날카로운 발톱이 있어.
도롱뇽은 비늘이 없고 몸이 촉촉해. 다리가 짧고 발가락에 발톱이 없어.
도마뱀은 다리가 있다는 걸 빼면 뱀과도 닮았어.
뱀은 기이하게 생긴 턱을 벌려 자기 머리보다 훨씬 커다란 먹이를 삼킬 수 있지만, 도마뱀은 자기 머리보다 작은 먹이만 먹을 수 있어.
도마뱀은 대부분 고막과 눈꺼풀이 있고 뱀은 없어.

도마뱀 무리는 모두 6,000여 종쯤 돼. 파충류 중에서 가장 많고 가장 다양하게 번성한 무리야.

도마뱀, 목도리도마뱀, 턱수염도마뱀, 카멜레온, 이구아나, 도마뱀붙이, 왕도마뱀, 장지뱀, 장님도마뱀, 갑옷도마뱀, 안경도마뱀, 채찍꼬리도마뱀, 악어도마뱀, 다리없는도마뱀, 말린꼬리도마뱀, 목걸이도마뱀, 뿔도마뱀, 날도마뱀…… 이름도 생긴 것도 재미있는 수많은 종류가 있어.

목도리도마뱀이야.
위험이 닥치면 목도리를 부풀려.

카멜레온은
주변 환경과 기분에 따라
몸빛을 바꿀 수 있어.

바실리스크도마뱀은
물 위를 달릴 수 있어.
예수도마뱀이라고도 불려.

코모도왕도마뱀은
가장 큰 도마뱀이야.
3미터까지 자라.

도마뱀은 왜 도마뱀일까?

그런데 도마뱀은 이름이 왜 도마뱀일까?
나무토막처럼 생겼다고 도마뱀이 되었다는 이야기와 꼬리가
도막도막 끊어지는 뱀이라고 도마뱀이 되었다는 이야기가 전해져 와.

위험이 닥치면 도마뱀은 자기 꼬리를 스스로 끊고 도망가 버려!

꼬리 끊기는 자기 몸을 지키기 위해 도마뱀의 본능 깊이 새겨진 반사
행동이야. 도마뱀의 꼬리에는 꼬리뼈가 느슨히 이어져 있는 부위가
있어서 저절로 떨어져.
앗, 잘린 꼬리가 펄쩍 튀어 올라! 잘린 꼬리에 잠깐 신경이 살아
있어서 잠시 동안 파닥거리는 거야. 공격하려던 적이 깜짝 놀라
정신이 팔려 있는 사이에 도마뱀이 잽싸게 도망을 쳐.
하지만 도마뱀이 아플 것 같아. 피도 날 텐데.
처음에는 약간 피가 나지만 혈관이 빠르게 수축되어 금방 멈춰.
다행이야! 20일쯤 지나면 꼬리가 다시 자라.
하지만 모든 도마뱀이 다 꼬리를 끊을 수 있는 건 아니야. 카멜레온,
독도마뱀, 왕도마뱀, 악어도마뱀은 스스로 꼬리를 자를 수 없어.

도마뱀의 꼬리가 새로 나는 동안 도마뱀은 힘이 없어.
꼬리가 다시 날 때까지 성장도 멈춰. 꼬리를 자르고 다시 재생하는 건
에너지가 엄청나게 많이 드는 일이야. 도마뱀은 꼬리에 영양분을
저장하는데, 꼬리가 잘리면 애써 저장해 두었던 영양분도 사라지고,
새로 꼬리를 만드는 일에 에너지를 다 쏟아부어야 해. 도마뱀이
꼬리를 자르는 건 위험한 적에게서 벗어나기 위한 마지막 수단이야!

**도마뱀이 스스로 꼬리를 끊은 건
한 번뿐이야.
만약에 한 번 더 꼬리가 끊어지면
다시는 새로 나지 않아!**

도마뱀의 기다란 꼬리는 그냥 멋으로 있는 게 아니야. 꼬리로 균형을
잡고, 꼬리의 도움을 받아 방향을 빨리 바꿀 수 있어. 나무 위에 사는
도마뱀은 나뭇가지 사이를 이동할 때도, 나뭇가지에 매달릴 때도
꼬리가 꼭 필요해!

메뚜기와 사슴벌레, 도마뱀이 있는
장미와 나팔꽃, 헤이즐넛 꽃다발
엘리아스 반 덴 브로크, 1600년, 조니 반 헤프텐 갤러리
© Bridgeman Images-GNC media, Seoul, 2022

이구아나는 채식을 해

음, 으스스한 정물화야.
꽃과 곤충이 있을 뿐인데 분위기가 심상치 않아.
사람이 살지 않는 것처럼 집안이 어두컴컴해.
테이블 위에 빨간 장미꽃이 있고 파란 나팔꽃이 그 사이에 끼어 있어.
그런데 잎이 벌써 말라 가고 있어. 만지면 바스락 소리가 날 것 같아.
테이블 아래로는 헤이즐넛 열매가 축 늘어져 있어. 열매를 감싼
꽃잎은 벌써 말라 버렸어.
위이이잉! 메뚜기 2마리가 꽃에 날아들고 있어. 어쩐지 전투 요원같지
않아? 테이블 위에는 달팽이 1마리가 떨어질 듯 목을 주욱 빼고 있어.
곧 사슴벌레에게 잡아먹히려 해. 테이블 밑에는 도마뱀 1마리가 입을
벌리고 있어. 온통 죽음을 암시하는 그림이야!

이 그림은 네덜란드의 화가 엘리아스 반 덴 브로크가 그렸어. 꽃이나 과일, 곤충을 많이 그린 화가인데, 고향을 떠나 유명한 정물 화가 밑에서 도제 수업을 받고 고향으로 돌아와 화가 조합에 가입해 그림을 그렸어. 몇 년 후에 암스테르담으로 이사를 갔는데, 고향의 화가 조합을 떠나야 했던 이유가 특이해. 나비를 그리라는 주문을 받았는데, 나비를 그리는 대신 캔버스에 진짜 나비를 붙여서 나이 든 화가들의 노여움을 샀기 때문이야.

이 그림은 정물화야. 정물화라는 이름에는 조용한 삶이란 뜻이 담겨 있어. 그래서 처음에는 무생물과 식물만 그렸다지 뭐야. 하지만 차츰 곤충이나 조그만 동물처럼 소리 내고 움직일 수 있는 것들도 그리게 되었어.

반 덴 브로크는 진짜와 똑같이 그리는 데 실력과 솜씨를 쏟아부었지만, 그림 속에 죽음 앞에서 인생의 덧없음을 깨닫고 하루하루 감사하며 살라는 중요한 의미를 담는 걸 잊지 않았어. 시드는 꽃이나 연약하고 조그만 곤충을 봐. 도마뱀에도 의미가 담겨 있는데 도마뱀은 악을 상징하고, 사람들에게 악의 길로 가지 말고 올바른 삶을 살라고 전하는 거야.

안타깝게도 그림 속에서는 도마뱀이 안 좋은 의미로 자꾸 등장해. 이야기 속에서도 도마뱀은 대부분 요괴야. 바위 위에서 느긋하게 햇볕을 쪼이는 도마뱀을 그린 명화도 한 점쯤 있으면 좋을 텐데.

이구아나는 채식을 해

남아메리카의 갈라파고스 제도 화산섬에는 바다이구아나와
육지이구아나가 살고 있어. 단언하건대 이구아나는 세상에서 가장
못생긴 동물일 거야.
이구아나는 생김새는 괴물 같아도 다른 동물을 잡아먹지 않고 채식을
하는 기이한 도마뱀이야. 도마뱀은 대부분 개구리, 벌레, 물고기를
먹고 살아. 하지만 이구아나는 주로 식물을 먹어.

바다이구아나는 해초를 뜯어 먹고
육지이구아나는 선인장 잎이나
꽃을 뜯어 먹어!

육지이구아나는 남아메리카 대륙과 섬에 모두 살고 있지만
바다이구아나는 지구에서 오직 한 곳, 갈라파고스 화산섬에만 살아.
바다이구아나는 새벽이면 벌써 일어나 크고 높은 바위 위로 모여.
해가 떠오르자마자 햇볕을 쬐려고 말이야.
이윽고 바다 위로 태양이 떠올라. 바다이구아나들이 태양빛을 잘
받도록 옆구리를 이쪽저쪽 돌려 가며 몇 시간 동안 골고루 몸을 데워.
태양이 점점 높이 솟아오르고 열기가 뜨거워지기 시작해. 그대로
있다간 몸속의 피가 부글부글 끓어오를 지경이야.
이제 차가운 바닷속으로 뛰어들어 먹이를 먹을 때야.

높은 바위 위에서 저 아래 바닷속으로 첨벙! 기다란 꼬리를 흔들며
헤엄을 치고, 바닷속 바위에 붙어서 해초를 뜯어 먹어.
둥둥 배가 불러와. 더 이상 차가운 바닷물에 체온을 빼앗기면 안 돼.
체온이 너무 내려가면 파도를 뚫고 다시 바닷가로 헤엄쳐 돌아갈
힘이 없어지거든. 체온이 10도가 되기 전에 다시 육지로 돌아가.
뜨끈한 바위 위에 네 다리를 쫙 펴고 엎드려. 체온이 다시 올라갈
때까지는 먹이를 소화할 수 없기 때문이야. 해가 지면 어슬렁어슬렁
바위 밑으로 들어가.

> 바다이구아나 수컷의 몸에는
> 등뼈를 따라 긴 비늘들이 볏처럼 솟아 있어.
> 영역 다툼을 할 때
> 더 크고 위협적으로 보여.

도마뱀은 비늘이 가장 발달한 파충류라고 할 수 있어.
파충류 중에 가장 화려한 카멜레온은 머리의 비늘이 뿔이 되었어.
아프리카 큰갑옷도마뱀은 비늘이 길고 뾰족뾰족하게 자라.
중앙아메리카 사막에서 개미만 먹고 사는 작은뿔도마뱀은 비늘 한 개
한 개가 크고, 가운데가 뾰족하게 솟아 있어서 새의 공격에서 벗어날
수 있어. 새는 그렇게 뾰족뾰족한 먹이를 먹고 싶어 하지 않거든.

가장 놀라운 비늘은
도마뱀붙이의 비늘이야.

도마뱀붙이는 스파이더맨처럼 미끄러운 벽도 척척 올라가고 천장에 거꾸로 매달려 걸어갈 수도 있어.

이런 놀라운 능력이 모두 다 비늘 덕분이야.

그림을 봐. 도마뱀붙이가 배까지 온통 비늘로 둘러싸여 있어. 발가락 끝 쪽의 비늘이 특수하게 진화되었어. 수백만 개의 미세한 털로 덮여 있는데 강모라고 부르는 이 털은 너무 가늘어서 전자 현미경으로만 보여. 도마뱀붙이가 발가락을 힘주어서 누르면 미세하고 수많은 털과 표면 사이에 생기는 전기적인 힘으로 발가락이 표면에 달라붙어. 그 힘을 계산하면 털 한 가락이 개미 1마리를 들어 올릴 만큼 강하다는 거야.

도마뱀붙이는 벽을 타고 올라가는 탁월한 능력으로 사람이 사는 집에도 곧잘 나타나. 천장이나 벽을 타고 다니며 곤충이나 거미를 잡아먹어.

하마와 악어 사냥
피터 파울 루벤스, 1615~1616년,
알테 피나코테크

악어가 달려

히히히힝! 크어어헝!
말이 앞발을 치켜들고 하마가 울부짖어. 악어가 깔려 몸부림치고
있어. 멀리 강 위에는 뭉게구름이 걸려 있고, 강가에는 야자수 한
그루가 평화롭게 바람을 쐬고 있어. 이렇게 화창한 날 사람과 동물
사이에 격렬한 전투가 벌어지고 있어. 기다란 창이 당장이라도
하마의 머리와 옆구리를 뚫을 것 같아.
땅바닥에 쓰러진 남자는 뭐지?
말을 탄 세 남자는 기세가 등등한데, 머리가 벗겨진 늙은 남자는 악어
밑에 깔려 불쌍한 모습이야. 한 남자는 엎어져 있는 게 실신을 한
듯해. 말을 탄 남자들의 하인들인가 봐. 사냥개 3마리가 하마와
악어에게 달려들고 있어.

악어가 달려

이 그림은 1615년에 막시밀리안 1세가 궁전을 장식하기 위해 피터 파울 루벤스에게 특별히 주문한 사냥 그림이야. 루벤스는 왕이 어떤 그림을 원하는지 잘 알았고, 하마와 악어를 사냥하는 남자들을 적군과 전투를 치르는 영웅의 모습으로 훌륭하게 그려냈어.

그런데 실제로는 이런 사냥 장면은 있을 수 없어. 하마와 악어는 늪지대나 질척한 강가에 사는데, 이런 곳에서는 말을 타고 사냥할 수 없어. 그러니까 이건 실제 사냥 장면이 아니야. 화가가 상상으로 그린 거야. 그런데도 눈앞에서 본 것처럼 하마의 이빨 하나, 악어의 비늘 하나까지 너무나 실감이 나게 그렸어.

그림 속의 악어는 그렇게 사나워 보이지 않아. 자기를 죽이려 달려드는 남자들의 다리 하나쯤은 간단히 절단냈을 법도 한데 그런 흔적은 없어.

악어는 공룡이 지배하던 시기에 나타나 지금까지 가장 커다란 파충류로 이름을 떨치고 있어.

악어는 크로커다일, 엘리게이터, 가비알 세 종류가 있어. 크로커다일은 악어 무리 중에 가장 많아. 엘리게이터는 미국과 중국에 살고 있어. 가비알은 인도에 사는 악어야.

루벤스의 그림 속 악어는 크로커다일 무리 중에 나일악어야.
나일악어는 바다악어 다음으로 덩치가 크고 아프리카 곳곳에 살고 있어.

비가 많이 오는 시기에는 물고기를 사냥하지만, 건조한 시기에는 물 마시러 강가로 내려오는 얼룩말이나 누, 영양을 잡아먹어. 커다란 물소나 사람을 공격하기도 해. 강력한 턱으로 먹이를 물고, 물속으로 끌어들여 익사시켜. 그런 다음 무시무시한 힘으로 마구 흔들어서 먹이가 덜렁덜렁 찢어지면 통째로 삼켜.

악어는 턱 힘이 무지무지 세서 입을 세게 다물면, 자기 머리뼈와 턱뼈가 으스러질 정도야.

그런 황당한 일이 일어나지 않도록 악어의 턱을 감싸고 있는 근육은 다른 동물보다 훨씬 두툼하고 강해.

악어는 강한 턱 힘으로 얼룩말의 단단한 뼈도 부러뜨리고, 하마의 두꺼운 피부도 이빨로 뚫을 수 있어. 하지만 하마나 코끼리에겐 악어도 조심을 해. 새끼 하마를 잡아먹으려 접근하다가 하마 무리에 물어뜯겨 죽을지 몰라. 새끼 코끼리의 코를 물어뜯다가 어미 코끼리에게 짓밟힐 수도 있어.

악어는 먹이를 먹을 때 눈물을 흘려!
악어가 먹잇감의 죽음을 애도해서 그럴 리는 없어. 사람들은 쓰러진 정적 앞에서 슬퍼하는 척하는 사람의 행동을 비웃을 때 '악어의 눈물'이라 불러. 하지만 악어의 눈물은 위선이 아니야. 먹이를 씹을 때 턱 근육이 눈물샘을 자극하기 때문에 저절로 눈물이 나와. 사람이 하품을 할 때 저절로 눈물이 나오는 것처럼 말이야.
배부르게 먹고 나면 악어는 일광욕하기에 좋은 자리를 찾아 느긋하게 엎드려 햇볕을 쬐어. 그러다가 햇볕이 너무 뜨거워지면, 커다란 입을 쩍 벌리고 입안의 부드러운 점막으로 바람이 통하게 해서 체온을 낮춰.

그럴 때 악어는 아무 생각도 없는 것처럼 보이지만, 눈과 귀와 코를 총동원해 무슨 일이 일어나고 있는지 꼼꼼이 살피고 있어.

웬만큼 자란 악어에게는 어떤 동물도 함부로 덤비지 못해. 하지만 악어에게도 위험한 순간이 닥칠 수 있어. 악어는 보통 때 배를 깔고 다리로 몸을 밀며 느릿느릿 움직여. 하지만 위험한 순간에는 악어도 전력 질주를 해. 몸 전체를 땅바닥에서 들어 올리고 앞다리와 뒷다리로 땅바닥을 박차며 빠르게 달려!

악어는 무시무시하게 생겼지만 새끼를 잘 돌봐!

새끼 악어가 태어났어.
새끼 악어는 아주 작아.
겨우 20센티미터를 넘길 정도야.

어미 악어가
새끼를 입에 넣고
물로 데려가.

새끼 악어를 등에 태우고
헤엄을 치고 있어.

악어는 새끼를 잘 돌보는 파충류야. 번식기가 되면 수컷이 암컷 앞에서 크게 소리를 내며 주둥이로 물장구를 치거나 코에서 물 분수를 내뿜어. 암컷이 다가오면 가르릉 소리를 내며 코를 부비고 짝짓기를 해.

암컷은 물가에 구덩이를 파고 알을 40~60개쯤 낳아. 둥지를 떠나지 않고 알을 지켜. 알이 골고루 따뜻해지도록 알을 뒤집고, 온도가 너무 높아지면 그 위에 소변을 뿌려. 수컷도 주위를 맴돌며 알 지키는 걸 도와.

아악! 아악! 드디어 알 속에서 새끼들이 우는 소리가 들려.

새끼들이 태어나면 어미 악어는 새끼들을 안전하게 물가로 데려가 돌봐.

하지만 어미 악어가 아무리 지켜도 알이나 새끼를 잡아먹는 도둑이 너무 많아. 도마뱀, 개코원숭이, 독수리, 하이에나, 뱀…… 모두가 호시탐탐 알과 새끼를 노려. 무사히 자라 어른 악어가 되는 건 100마리 중에 1마리 정도야. 새끼 악어가 2미터까지 자라면 이제 악어를 잡아먹는 동물은 거의 없어.

연잎 위의 거북이
카와나베 쿄사이, 1881년, 국립 기메 동양 박물관
Photo © RMN-Grand Palais(MNAAG, Paris)/Harry Bréjat-GNC media, Seoul, 2022

거북의 갑옷은 2억 년 동안 변하지 않았어

돌거북 1마리가 연잎 위에 올라 두리번거리고 있어.

마치 밧줄을 잡고 언덕을 올라가고 있는 것 같아. 자세히 보면 밧줄이 아니라 연 줄기야. 여기는 분명히 연못 위일 텐데, 연못은 없고 연잎 밑에 파랗게 출렁대는 물만 살짝 그렸어.

멋있는 등딱지, 날카로운 발톱, 쑥 내민 머리…… 왠지 거북이 도사님 같아. 세상일을 두루 꿰뚫어 알고 있는, 나이가 몇 살인지 가늠할 수 없는 지혜롭고 능청맞은 도사님이 변신술을 써서 거북이 된 것같지 않아?

연 줄기를 봐. 엉뚱하게도 종이에 구멍이 뚫려 그림 위로 나온 것 같지 뭐야.

구멍이 숭숭 뚫린 연밥은 혹시 거북의 식량일까?

이 그림을 그린 카와나베 쿄사이는 1800년대에 일본에 살았던
유명한 목판화 작가야. 대단한 애주가여서 그림을 그리고 나면 술
취한 쿄사이라고 서명을 남겼어.

카와나베 쿄사이는 상상력이 넘치는 화가였나 봐. 보통 화가들처럼
점잖은 그림이 아니라 기괴하고 재미있는 그림을 많이 그렸어.
요괴와 유령, 무시무시한 석가모니, 팔과 다리가 말도 안 되게 긴
사람들이 높은 열매를 따 먹는 그림, 나뭇잎 옷을 입고 춤추는
개구리와 통나무 달구지에 올라탄 개구리 가족, 할아버지 콧구멍에서
조그만 사람들이 튀어나오는 그림도 있지 뭐야.

이 그림은 목판화야.

목판화는 나무판에 조각을 새겨서 목판이 닳을 때까지 수백 수천
장을 찍어 낼 수 있어. 1800년대에 일본에서는 붓으로 그린 그림은
값이 비싸서 부자들만 소유했어. 목판화는 나무판만 있으면 계속
찍어 낼 수 있었기 때문에 값이 저렴해서 저잣거리 사람들도 사서
집에 걸어 놓을 수 있었어.

거북은 아마도 사람들이 좋아하는 소재였을 거야. 거북은 옛날부터
장수하는 신령한 동물로 여겨져 오고 있어.

파충류라면 왠지 징그럽고 무섭게 생각하는 사람들도 있지만, 거북을
무서워하는 사람은 아무도 없어. 거북은 조용하고 느긋하고 함부로
공격하지 않아.

거북은 아직 도마뱀과 뱀, 악어가 없었을 때 가장 먼저 지구에 출현한 파충류야. 완전한 갑옷을 입은 거북이 초기의 공룡과 살고 있었어. 거북만큼 알아보기 쉬운 동물도 없을걸.

거북은 2억 년 전부터 지금까지 변함없이 갑옷을 두르고 있는 동물이야!

그건 거북의 갑옷이 아주 쓸모가 있다는 뜻이야. 거북은 위험이 닥쳤을 때 단단한 갑옷 속에 머리와 다리, 꼬리를 쏙 집어넣을 수 있어. 하지만 그 덕분에 달리는 거북이나 나무에 오르는 거북, 도약하는 거북, 나는 거북은 탄생하지 못했어.

거북의 갑옷은 등갑이라 부르는데 등갑에 갈비뼈, 등뼈, 어깨뼈, 엉덩이뼈가 붙어 있어. 그래서 거북의 등갑은 떼어 낼 수 없어. 그러니 혹시라도 '거북의 등갑을 떼어 내면 어떻게 되나요.' 하는 질문을 하면 안 돼. 그건 사람에게 '갈비뼈를 떼었다 붙였다 할 수 있나요.' 하고 묻는 것과 같아!

하지만 이렇게 단단한 등갑이 있어도 하이에나와 아나콘다, 악어는 거북을 먹어. 하이에나와 악어는 강한 턱으로 등갑을 부수고 아나콘다는 통째로 삼켜서 소화를 시켜.

거북은 위험이 닥치면 머리와 다리, 꼬리를 등갑 속에 집어넣어.

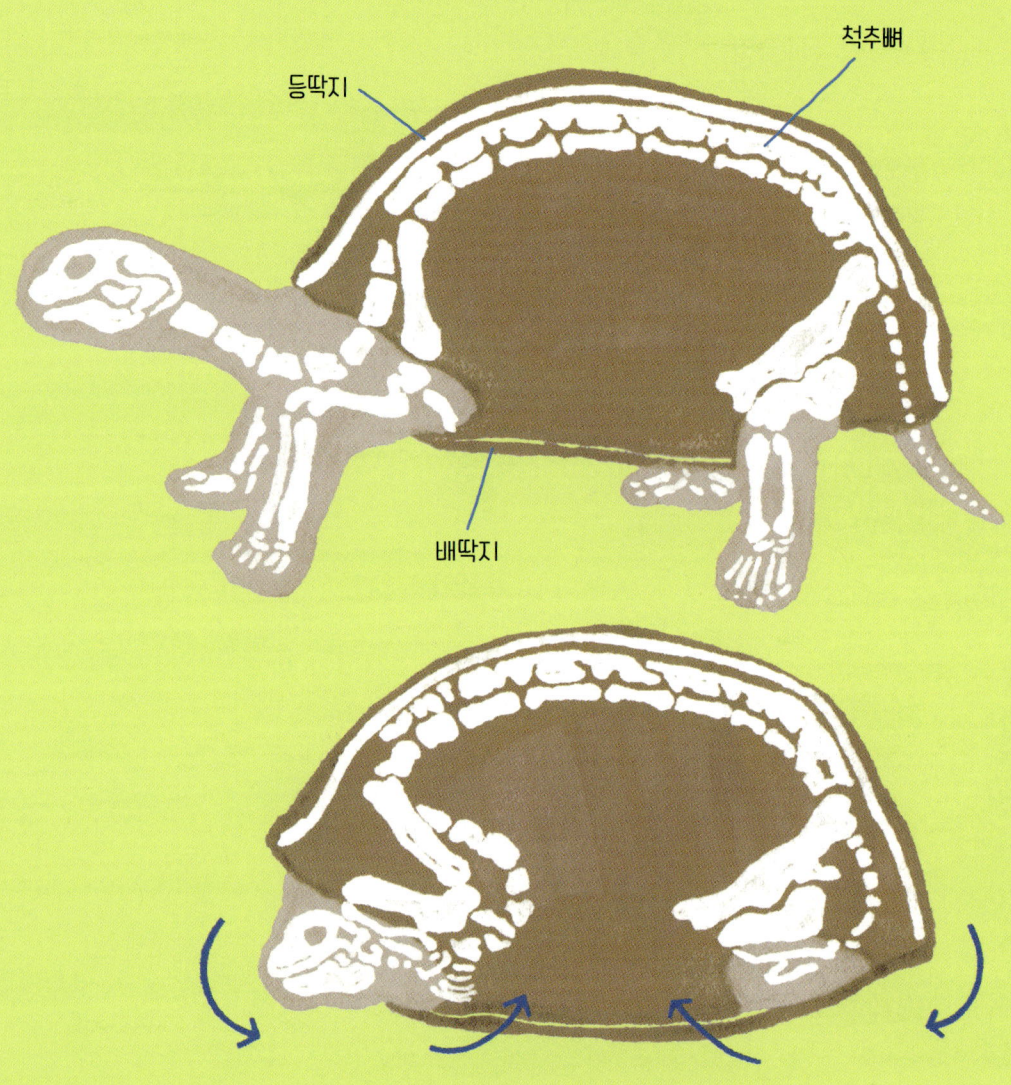

머리와 다리가 쏙 들어갔어!

거북은 등갑이 있어서 안전하지만 숨을 쉴 때는 딱딱한 등갑 때문에 불편해.

바로 지금 가슴에 손을 얹고 숨을 들이켜 봐. 가슴이 조금도 부풀지 않게 하면서 콧구멍으로 숨을 들이켜 봐. 콧구멍으로 공기가 조금도 안 들어갈 거야. 숨이 안 쉬어져. 가슴을 넓히지 않으면 아무리 콧구멍을 벌름거려도 공기를 마실 수 없어!

거북은 움직이지 않는 딱딱한 등갑 때문에 가슴을 조금도 넓힐 수 없어. 하지만 가슴을 부풀리지 않고도 숨을 쉴 수 있어!

그건 공기가 폐로 들어가고 나오게 도와주는 특수 근육이 있기 때문이야. 거북은 폐 옆의 근육을 움직여 폐를 넓히고 숨을 들이쉬어. 배 쪽에 있는 근육으로 창자를 폐 쪽으로 밀면서 숨을 내뱉어. 하지만 겨울잠을 잘 때는 그렇게 하지 못해. 거북은 강바닥 진흙 속에서 겨울잠을 자는데, 이때는 총배설강을 열어. 똥구멍과 오줌 구멍, 알 낳는 구멍이 한꺼번에 모이는 곳이 총배설강이야. 총배설강 안에 공기주머니가 있고 그리로 물 속에서도 산소를 받아들여. 덕분에 물 위로 숨을 쉬러 올라오지 않고도 겨울을 날 수 있어.

거북은 물에서도 살고 땅에서도 살아.

바다에 사는 **장수거북**이야.
거북 중에 가장 커.
딱딱한 등딱지 대신
가죽 같은 피부로 덮여 있어.

남생이는 민물에 살아.
멸종위기 야생생물 Ⅱ급.
천연기념물 제453호야.

갈라파고스땅거북이야.
크기가 1.5미터 정도이고
500킬로그램까지 나가.
180년 정도 살아.

바다에 사는 거북은 발이 넙적하고 노처럼 생겼어.
민물에 사는 거북은 발가락 사이에 물갈퀴가 있어.
육지에 사는 커다란 땅거북은 코끼리 다리같이 굵은 다리로 느릿느릿
한 시간에 200미터쯤 가는 속도로 걸어 다녀.

나이가 많을수록, 따뜻한 곳에 사는 거북일수록 몸집이 더 커.

덩치가 웬만큼 있는 거북은 죽을 때까지 계속 자라서 나이가 많을수록 몸집이 크고, 온도가 높으면 먹이를 빨리 소화할 수 있기 때문에 몸집이 커져.

거북은 아무 것이나 잘 먹어. 민물거북은 개구리, 작은 물고기, 우렁이들과 물풀을 먹고 죽은 물고기도 먹어 치워. 육지에만 사는 땅거북은 나무 열매, 선인장, 이끼, 풀들을 먹어. 바다거북은 해파리, 오징어, 물고기들을 먹고 해초도 뜯어먹어. 종종 바다에 떠다니는 비닐봉지가 해파리인 줄 알고 먹기도 해.

거북은 이빨이 없어. 하지만 턱끝의 피부가 새의 부리처럼 단단하고 날카로워서 턱으로 먹이를 자를 수 있어. 거북에게 제대로 물리면 큰 상처가 나기 때문에 조심해야 해.

거북이
라울 뒤피, 1908년, 퐁피두 센터

바다거북은 온도에 따라 수컷이 되거나 암컷이 돼

무슨 그림이야? 알쏭달쏭해.
이건 나무판에 칼과 끌로 그림을 새겨 물감을 칠하고 종이에 찍은 목판화야.
그런데 무얼 그린 걸까? 왜 이렇게 알아보기 힘들게 그린 거야? 눈을 들이대고 꼼꼼히 봐야겠어.
아하, 가운데 커다란 리라가 있어. 리라는 세로로 줄이 7개 있고 손으로 줄을 뜯어서 연주하는 서양 악기의 이름이야.
또 무엇이 있을까? 이제부터는 더 어려워서 숨은그림찾기를 해야 할 것 같아. 그림 속에 거북 5마리, 커다란 꽃 3송이, 작은 꽃 4송이가 숨어 있어!
찾았어?

앗, 네 귀퉁이에 거북이 1마리씩 있어. 등갑과 머리와 다리가 보여.
그런데 등갑의 무늬가 달라. 위쪽의 오른쪽과 아래쪽의 왼쪽은
장수거북, 나머지는 바다거북 같아.

꽃도 찾았어? 리라를 둘러싸고 커다란 꽃이 3송이 있고, 왼쪽
가장자리에 조그만 꽃이 2송이, 오른쪽 가장자리에 또 2송이가 있어.
이건 《동물 시집》이라는 시집 속에 시와 함께 들어 있는 그림이야.
옛날 옛날 그리스에 오르페우스라는 시인이 있었는데, 음악의 신
아폴론에게서 선물받은 황금 리라로 연주를 하며 시를 읊으면,
나무와 꽃이 감동을 받고 맹수도 얌전해져서 앞으로 나와 귀를
기울였다고 해.

프랑스의 시인 기욤 아폴리네르는 자신이 그리스 신화 속의
오르페우스가 된 듯 시를 썼어. 거북이, 말, 산양, 뱀, 고양이, 사자,
낙타, 메뚜기, 부엉이…… 30개 동물들 하나하나가 바로 시의
제목이야.

이 시집의 제목은 그래서 《동물 시집》이고 오르페우스의 행렬이라는
부제가 붙어 있어. 시 한 편 한 편 옆에 라울 뒤피라는 화가가 그림을
그렸어.

그림을 잘 보면 리라 아래쪽에도 거북이 있어. 소리를 크고 아름답게
울려 주는 리라의 공명통이야. 옛날에는 바다거북을 잡아 등갑으로
공명통을 만들었어.

바다거북이
땅 위로 올라와.
알을 낳으러 오는 거야.

바다거북은 온도에 따라 수컷이 되거나 암컷이 돼

먼 옛날부터 사람들은 알을 낳으러 바닷가 모래사장으로 어기적어기적 올라오는 커다란 바다거북을 보았을 거야. 아름다운 소리를 내 줄 악기를 위해 바다거북을 잡거나 고기를 먹기 위해 사냥을 하기도 했을 거야. 하지만 그건 대부분 암컷 바다거북이야.

수컷 바다거북은 바닷속에서 나오지 않아. 하지만 암컷은 알을 낳으러 1~2년에 한 번 바닷가 모래사장으로 올라와야 해.

바다거북의 발은 납작한 노처럼 생겨서 헤엄치기에 좋지만, 육지에서 다닐 때는 별로 쓸모가 없어. 게다가 다 자란 바다거북은 너무 무거워 육지에 오래 있다가는 자기 체중에 눌려 내장이 상할 정도야. 얼른 끝내고 바다로 돌아가야 해.

바다거북 암컷은 어기적어기적 간신히 기어서 바닷가 모래사장에 구덩이를 파고 탁구공만 한 알을 120개쯤 낳아. 산란 과정은 4시간쯤 걸리는 힘겨운 일이야. 알을 낳은 뒤에는 천적들이 눈치채지 못하도록 뒷다리로 모래를 퍼서 구멍을 덮고 단단하게 눌러. 어미 바다거북이 바다로 떠나고 50일쯤 지나면 새끼 거북들이 부화해.

그런데 이거 알아? 바다거북은 알이 부화될 때 온도에 따라 암컷과 수컷이 결정이 돼! 알 속에 암컷이 되게 하는 유전자와 수컷이 되게 하는 유전자가 모두 들어 있고, 부화되는 온도에 따라 암컷 유전자가 발현하거나 수컷 유전자가 발현해.

온도가 높으면 암컷이 태어나!
온도가 낮으면 수컷이 태어나!

바다거북은 30도에서는 암수가 비슷하게 태어나지만, 32도가 넘으면 암컷만 생기고 28도 아래에서는 수컷만 생겨.
너무 이상해! 온도에 따라 수컷, 암컷이 정해진다니!
하지만 파충류는 대부분 그래.
악어와 도마뱀 일부도 부화 온도에 따라 암컷과 수컷이 결정돼.
악어는 온도가 높으면 수컷이 많이 태어나고, 온도가 낮으면 암컷이 많이 태어나.
오스트레일리아에 사는 턱수염도마뱀은 온도가 높으면 수컷이 암컷으로 바뀌어 부화해. 최근에 32도보다 높은 온도에서 새끼들이 태어났는데 겉모습은 암컷이지만 유전자는 수컷이었어!
그렇다면 큰일이야. 지구가 점점 더워지고 있잖아!

2018년에 학자들이 오스트레일리아 산호초에 서식하는
푸른바다거북의 성별을 조사해 보았어. 411마리 중에 406마리가
암컷이었어.

**학자들이 추측하기로,
2100년이 되면 지구의 바다거북
1,000마리 가운데 14마리만이
수컷 거북으로 태어날 거라는 거야!**

미래에 바다거북은 암컷만 있게 될지도 몰라!
그럼…… 바다거북은 어떻게 되는 거야?

찾아보기

가비알 154, 155
갈라파고스땅거북 168
갈색아프리카알뱀 131
거북 4, 20, 90, 97, 162~172, 174, 175, 177
골리앗개구리 45~47
공룡 5, 13, 15, 91, 154, 165
금개구리 45, 57
남생이 168
넓은띠큰바다뱀 114, 115
노랑독화살개구리 71
누룩뱀 83, 105
도마뱀 4, 79, 83, 90, 97, 133, 135~146, 148, 149, 161, 165, 176
도마뱀붙이 138, 150, 151
도롱뇽 13, 21, 22, 88, 130, 136~138
두꺼비 4, 5, 13, 22, 37, 43, 45, 57, 60, 66~71, 73
맹꽁이 22, 62
목도리도마뱀 138, 139

무당개구리 43, 45, 72, 73
무자치 83, 117
무족영원 21~23
물고기 12, 13, 26, 27, 29, 37, 47, 54, 64, 77, 91, 95, 148, 156, 169
물저장개구리 30, 31
바다거북 90, 114, 169, 171~174, 176, 177
바다뱀 112, 114, 116
바다이구아나 114, 147~149
바실리스크도마뱀 139
방울뱀 117, 122, 124, 125, 130
보아 83, 104, 117, 122
붉은눈나무개구리 45, 47
블랙맘바 81
비단뱀 81, 83, 102~104, 106, 122
산개구리 37, 45, 62
산파두꺼비 46, 47
살모사 79, 83, 117, 122, 125
솔로몬섬도마뱀 142
아나콘다 98, 99, 117, 132, 165

찾아보기

악어   4, 12, 90, 97, 99, 152~154, 156~161, 165, 176
알   23, 31, 45~47, 57, 65, 68, 69, 71, 88, 91, 104, 105, 116, 117, 131, 161, 167, 173, 174, 176
양서류   4, 5, 9, 13~15, 19~23, 37, 45, 59, 87, 88, 91, 130, 136
에리옵스   15
엘리게이터   154, 155
올챙이   18, 20, 22, 23, 27, 29, 31, 47, 71, 88
옴개구리   45, 62
월리스날개구리   44
유리개구리   45~47
유혈목이   83, 125
작은뿔도마뱀   149
장수거북   168, 172
중국장수도롱뇽   15
참개구리   37, 45, 57~60, 62, 65
청개구리   33~39, 43, 45, 57, 62

초록나무비단뱀   129
카멜레온   90, 138, 139, 143, 149
코모도왕도마뱀   139
크로커다일   154~156
파라다이스나무뱀   113
파충류   4, 5, 29, 37, 85, 87, 88, 90, 91, 97, 98, 114, 116, 127, 130, 132, 133, 136, 138, 149, 154, 161, 164, 165, 176
턱수염도마뱀   138, 176
황소개구리   43, 65, 67, 68

179

참고도서

심재한 지음, 《생명을 노래하는 개구리》, 다른세상, 2001

심재한 지음, 《꿈꾸는 푸른 생명 거북과 뱀》, 다른세상, 2001

베른트 하인리히 지음, 강수정 옮김, 《동물들의 겨울나기》, 에코리브르, 2003

리처드 포티 지음, 이한음 옮김, 《생명: 40억 년의 비밀》, 까치, 2007

이주용 그림, 《세밀화로 그린 양서 파충류 도감》, 보리, 2007

문대승·정성곤 지음, 《낯선 원시의 아름다움 도마뱀》, 씨밀레북스, 2011

이태원·박성준 지음, 《낮은 시선 느린 발걸음》, 씨밀레북스, 2011

차승훈 지음, 《세상에서 가장 아름다운 곡선 뱀》, 하우넥스트, 2012

이정현·박대식 지음, 《한국 양서류 생태 도감》 자연과 생태, 2016

문광연 지음, 《개구리, 도롱뇽 그리고 뱀 일기》, 지성사, 2017

매슈 F. 보넌 지음, 황미영 옮김, 《뼈, 그리고 척추동물의 진화》, 뿌리와 이파리, 2018

데이비드 애튼버러 지음, 홍주연 옮김, 《생명의 위대한 역사》, 까치, 2019

DK편집위원회 지음, 황연아 옮김, 《동물》, 사이언스북스, 2021